SHODENSHA
SHINSHO

ビジネスは顔が9割

——武器としての相貌心理学

佐藤ブゾン貴子

祥伝社新書

はじめに

「真面目《まじめ》そうな人だったのに、すぐに仕事をやめてしまった」

「向いていると思って任せたのに、全然できない」


ビジネスパーソンなら多くの方が、心当たりのある悩みではないでしょうか。

そもそも、相手の適性を見抜くことは並大抵ではできません。人はコミュニケーションのなかに大小の〝嘘〟を混ぜて取り繕《つくろ》うからです。そこに偏見や先入観が加わるとますます難しくなるでしょう。だから「面接のときの感じは良かったのに、なんで――」ということになるのです。


そこで、本書でご紹介するのは、「相貌心理学」というフランス発祥の学問のメソッドを用いて、人の顔から「性格」を見抜く方法です。

かつて日本でも、『人は見た目が9割』（竹内一郎著、新潮社）という書籍がベストセラーになりました。日常の中で、習慣的に「見た目」から他人のキャラクターを類推しているという人は多いのではないでしょうか。

もっとも、たいていの場合は、「イケメン（美人）だから感じが良さそう」「強面《こわもて》だから押しが強そう」といった印象論の域にとどまっていることが多いように思います。

当たり前のことですが、美しい容姿は人柄の良さを保証するものではありません し、見た目が屈強でも、繊細で気弱な性格の持ち主はたくさんいるでしょう。

一方、相貌心理学では、**顔と性格の相互関係を統計的にひもときます**。

1937年の誕生以来、相貌心理学は1億人分以上もの顔分析データを集約しながら、その知見を積み重ねてきました。経験を積んだ相貌心理学者なら、99パーセントの精度で対象者のパーソナリティを分析できると言われています。

ただし、強調しておきたいのは、相貌心理学とは決して「顔の良し悪し」を判定するためのツールではないということです。無論、「有能なビジネスパーソン」を判定するためのものでもありません。

たとえば「押しが強い」という性格が顔に表れていたとして、それがプラスと出るか、マイナスと出るかは、状況によって180度変わってきます。

よく、仕事には「適性」があるといいますが、仮に適性があったとしても、適切な環境に置かれなければ、その人にとって「適正」な仕事とはいえません。

その人の「適性」に加えて、どうすればその適性を活かして「適正」な状態にもっていけるかということまで見通せるのが、相貌心理学の本質であり、本書のテーマでもあります。

これまでの著書では、相貌心理学の「理論」を中心に紹介しました。本書では、その知見をより実践的に活用できるよう、約20の業種・職種別に「適性」の見分け方と、「適正」に近づくためのヒントを解説しています。

自分と他人の長所を知り、お互いの良さを活かしながら、足りないところを補い合って、持てる力を最大化する——そんな幸福な関係を周りの人と末永く育《はぐく》んでいくために、相貌心理学を活用していただければと願っています。

佐藤ブゾン貴子

目次——ビジネスは顔が9割

第1章　なぜビジネスに「相貌心理学」なのか

第2章 適性は「顔」に表れる

第3章 「顔」でわかる適職

第4章 信頼できる専門家の見抜き方

第5章 適性に近づける4つのポイント

編集協力　藤田美菜子
イラスト　髙柳浩太郎
本文ＤＴＰ　アルファヴィル・デザイン

第1章

なぜビジネスに「相貌心理学」なのか

●なぜ「顔」から性格が読み取れるのか？

人の顔には、性格や思考の傾向など、「内面」のすべてが表れている――それが、本書でご紹介する「相貌心理学」の考え方です。

そう聞いても、半信半疑の人が多数かもしれません。一般的に、容貌は遺伝するものだと考えられています。しかし、「一見よく似ている親子や兄弟姉妹でも、性格がまったく違うことはいくらでもあるじゃないか」と疑問を抱《いだ》く人もいるのではないでしょうか。

相貌心理学では、**人の容貌を特徴づける要素の大部分は後天的なもの**であると考えます。遺伝が大きく影響するのは「輪郭」だけ。それ以外のパーツは、後天的な表情筋の付き方によって、大きく見た目が変わります。

人の顔には、顔面神経が分布した30種類以上の筋肉があり、それらが相互に作用して複雑な表情をつくり出しています。身体の他の部分の筋肉と同様に、表情筋も使わなければ衰《おとろ》えていきますし、常に使っていれば、鍛《きた》えられてより発達していきます。

年月を経るほどに、その差は顕著《けんちょ》になっていきます。

嬉しい気持ちを感じたときに動く表情筋と、悲しい気持ちを感じたときに動く表情筋は、それぞれ違います。ですから、表情筋によってつくられる「顔」を読み取ることで、その人が日々の生活の中で、どのような感情を抱いているのかが見えてきます。つまり、その人の「内面」がわかるというわけです。

●人相学との違いは？

「人の顔立ちから性格や気質を見抜く」というと、人相学（観相術）を連想する人もいるかもしれません。

相貌心理学と人相学の大きな違いは、その分析手法にあります。目や鼻や口など、個別のパーツに表れた特徴に注目する人相学に対し、相貌心理学では**パーツ同士の相互関係を見ながら、顔全体をトータルで分析**します。

たとえば、相貌心理学では「目尻が下がっている人」は、「人の話をよく聞く人」だと理解します。それだけなら、とても好ましい表出のように思えますが、その目が乗っている土台が「柔らかい（張りのない）肉付き」である場合は、ただ人の話をよく聞くだけでなく、「人の意見に流されやすい」という理解になります。

ちょっとブヨブヨした、張りのない肉付きの人は、問題に対する抵抗力が弱く、何事も楽な方向に流されがちだからです。

とはいえ、必ずしも「どんな人の意見にも見境なく流される」というわけではありません。顔の輪郭が細い、面長《おもなが》タイプの人の場合、自分で選んだ親しい相手からの影響は強く受けますが、それ以外の人の話にはあまり耳を貸しません。

一方で、輪郭がどっしりした丸顔・四角顔タイプの場合は、あらゆる人からの影響を受けてしまいます。

そんな具合に、**常に「足し引き」で全体を見る**のが、相貌心理学の分析法です。ひとつの顔に同じような傾向を示す表出が複数あれば、相乗効果でその傾向はより強まりますし、逆に相反する表出が見られた場合は、お互いにバランスを取り合っているという理解になります。

このような「**オーダーメイド**」**の分析を行なう**点が相貌心理学の本質であり、99パーセントの精度を実現しているゆえんと言えます。

●なぜ、ビジネスに役立つのか？

ここで、相貌心理学の成り立ちを簡単にご説明しましょう。

1937年に相貌心理学を創設したのは、フランスの精神科医であり、臨床心理学者でもあったルイ・コルマン博士（1901〜1995）です。350年以上の歴史を誇るパリのサン＝ルイ病院で精神科長を務めたのち、ナントのサン＝ジャック病院に小児専門の精神科を設立したことで知られるコルマン博士は、相貌心理学を「自閉症の人々を理解するためのツール」としてつくり上げました。

自閉症の患者が心を閉ざす理由は人それぞれ。外部からの刺激に対しても、感情で反応する人もいれば、行動で反応する人もいます。そんなとき、**彼らの「顔」から思考傾向や感情傾向を読み取ることができれば、スムーズな治療を行なうためにどのようなコミュニケーションが必要か**がわかります。

言うまでもなく、このようなコミュニケーションツールが威力を発揮するのは、医療の現場に限ったことではありません。コルマン博士自身に、相貌心理学を他の分野に応用するという発想はありませんでしたが、後進の研究者たちが知見を積み重ね、現在では**教育分野やビジネス分野をはじめ、多方面で活用**されています。

顧客とのコミュニケーション、人材育成、適材適所の人材配置といったシーンで取り入れられているのはもちろんのこと、近年は「婚活マッチング」にも採用されるなど、今の時代に合った活用法が増えつつあるのです。

相貌心理学がビジネスの現場で重宝されているのは、**「初めて会った人を理解する」のに役立つ**からでしょう。

ビジネスでとりわけ難しいのは、初対面の相手とコミュニケーションを形成し、交渉したり商品を販売したりしなくてはならない場合です。

そんなときは、ごく短時間で相手の人となりを見極めなくてはなりません。その判断材料となるのは、やはり目の前に出されている情報、すなわち相手の「顔」ということになります。

相手の顔という手がかりは、**このオンライン時代にはとりわけ重要**です。

実際に会うことができれば、相手の立ち居振る舞いから察せられる情報も少なくはありません。こちらが真剣に話しているのに、相手が絶えずボールペンをカチカチさせていたりすれば、「落ち着きがない人だな」という情報をキャッチすることができるでしょう。

ところが、オンラインの打ち合わせや会議では、顔からすべての情報を集めなくてはなりません。だからこそ、相貌心理学が役に立つのです。

●「こんなはずじゃなかった」という悲劇を防ぐ

相手のパーソナリティを的確に理解することの最大のメリットは**「相手に対して優しくなれる」**ということです。

婚活のシーンを想像していただきたいのですが、お相手を外見の好みだけで選んだとします。すると、相手の内面をまったく想定していない分、あとになって必ず「こんなはずじゃなかった」と思う場面が出てくることでしょう。

しかし、相貌心理学で相手の内面を把握していれば、同じように外見の好みで選んでいても、性格の合わない部分まで織り込み済みなので**「こんなはずじゃなかった」ということはなくなります**。つまり、相手に優しくなれるのです。

これは決して「しょうがない」と諦めることではありません。相手のことを理解していれば、自分の希望を相手に伝える場合にも、どう伝えれば相手が気分よく言うことを聞いてくれるのかが予測できます。

先日、女性誌の取材で、専業主婦の方から次のような質問を受けました。

「そろそろ自分も自立した仕事を持ちたい。それを夫にどう伝えればいいのか？」

これはやはり、夫側の価値観によって「攻め方」が変わってきます。

夫が「思考」を大事にするタイプなら、「これこれこういう理由で、私は仕事がしたい」という事情を順序立ててロジカルに説明する。

あるいは夫が「感情」を大事にするタイプなら、相手の共感に訴えかけるような形で説得する。はたまた「本能」を大事にするタイプなら、ストレートに「私が働けば収入が増える」と、具体的なメリットをアピールする。

こんな具合に、相手に合わせたアプローチで、自分が生活しやすい環境をつくっていけるのは、相手の内面を理解しているからこそできることです。つまり、**相手に優しくすれば、その恩恵は自分に返ってくる**のです。

これは、ビジネスのシーンでもまったく同じことが言えるでしょう。相手を理解し、相手の良さを活かしてこそ、自分の能力を最大限に発揮することができるのです。

●初対面の人の顔を見る基本ステップ

本書でこれから詳しく解説していきますが、顔とは情報の宝庫ですから、相貌心理学で分析するポイントも多岐にわたります。

そのすべてをマスターするには何年もかかりますし、読者の皆さんも「どこから何を見ればいいのかわからない」と迷われるかもしれません。

そこで、まずは入門編として「人の顔を見るときの基本的なステップ」をご紹介しましょう。私自身、初対面の方に会ったときは、大体この順番で相手のお顔を見ています。

ステップ1：「輪郭」を見る
ステップ2：「肉付き」を見る
ステップ3：「拡張ゾーン」を見る
ステップ4：「各パーツ（目・鼻・耳などの器官）」を見る

それでは、各ステップについて詳しく説明していきましょう。

●まずは「輪郭」で「体力」を見る

相貌心理学では、**顔の輪郭には、その人の「体力量」が表れている**と考えます。

顔の輪郭とは、いわば体力＝エネルギーを貯《た》めておくための「タンク」。タンクが大きいほど体力が豊富で、小さいほど体力に乏《とぼ》しいということになります。

体力の主な使い道を重要な順に挙げていくと、まずは「呼吸や代謝《たいしゃ》などによって**生命活動を維持する**」こと。その次が「病気やストレスなどの**外部刺激に抵抗する**」こと。そして最後に残るのが「**他人とのコミュニケーション**」です。

タンクの容量がたっぷりあれば、余裕を持ってこれらのすべてに体力を使うことができますが、容量が少ない場合は生命活動を維持するのに精一杯で、コミュニケーションにエネルギーを割《さ》く余裕はなくなってしまうでしょう。

つまり、顔の輪郭を見れば、その人の「**コミュニケーションへの欲求量**」がわかります。平たく言えば、**タンクの大きい人はコミュニケーション好きで、タンクの小さい人はコミュニケーションが苦手**ということになります。

ここで重要なのは、**タンクの容量を決定するのは、「顔の大小」ではなく、あくまで「形状（輪郭）」**だということです。

相貌心理学では、人の顔の輪郭を、大きく2タイプに分類します。

ひとつは、**どっしり型の「ディラテ（膨張《ぼうちょう》）」**。真四角もしくは真ん丸の、安定した輪郭です。本書で「タンクが大きい」というのは、このタイプを指します。

もうひとつは、**輪郭が細い「レトラクテ（縮小）」**。長方形や楕円形の、いわゆる「面長」タイプで、「タンクが小さい」という場合はこちらを指します。

エネルギー量が豊富な、どっしり型（ディラテ）の人は、周囲とのコミュニケーションを大切にする「外向欲求」が強いタイプ。積極的に自分の活動範囲を外に広げ、知り合いをどんどん増やしていこうとします。この性質が強みになることもある反面、「孤独に弱い」という弱点もあります。

一方、エネルギー量があまり多くない面長（レトラクテ）の人は、自己防衛欲求である「内向欲求」が強く、コミュニケーションの場所や相手を「選ぶ」ことで、エネ

● ディラテとレトラクテで「エネルギー量」が違う

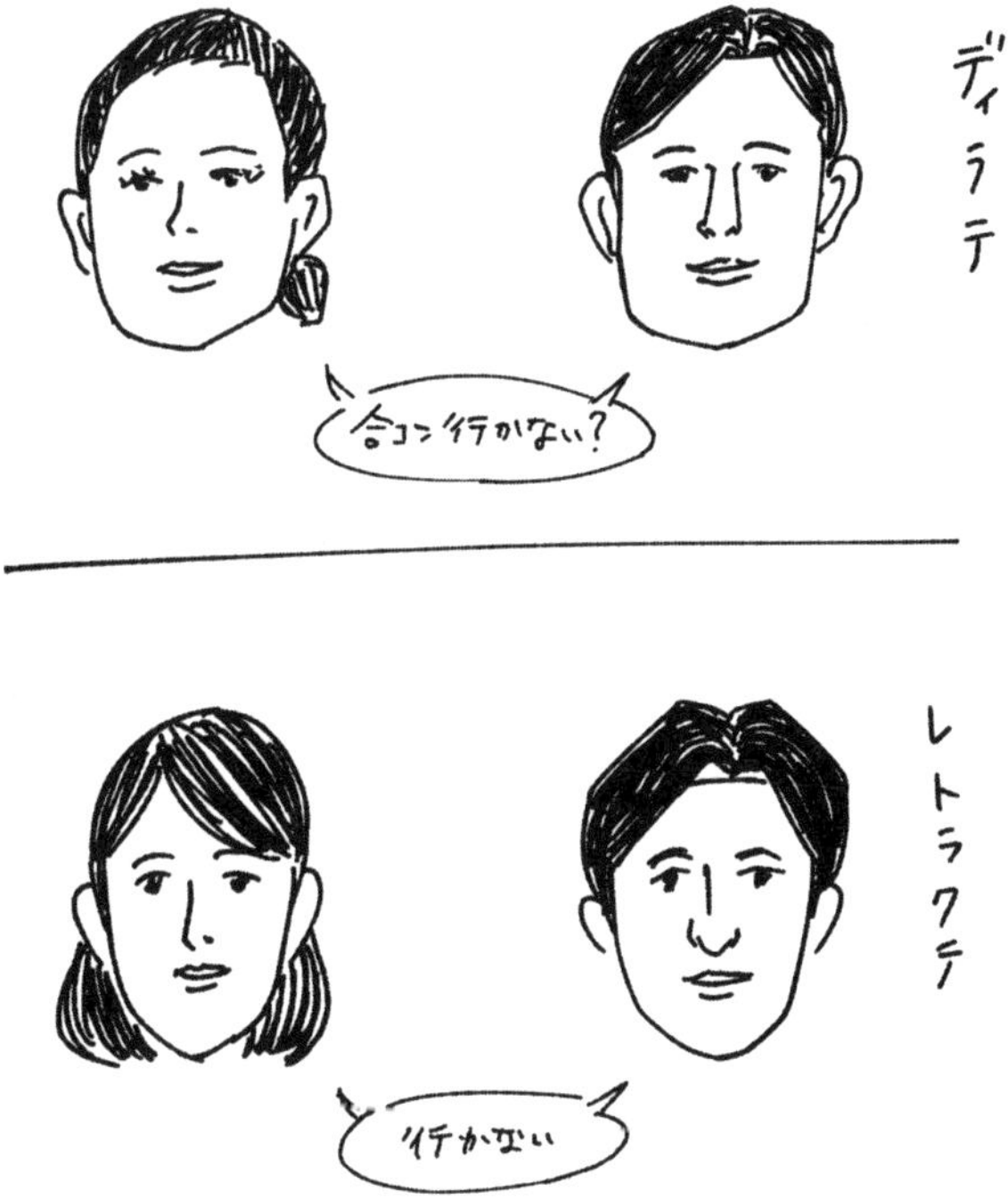

ルギーを温存しようとします。自分で選んだ相手ではない人々と無理に一緒に過ごすよりは、一人で過ごす時間を大切にするタイプ。その意味では「孤独に強い」と言えます。

●輪郭の見分け方

「どっしり型（ディラテ）」と「面長（レトラクテ）」を見分けるときは、あまり深く考えずに、パッと見たときの第一印象に従ってください。

とはいえ、見てすぐに「どっしりだな」「細長いな」とわかるような人は、ディラテとレトラクテ、それぞれの傾向がかなり強めに出ているといえます。

多くの人はその中間、つまり外向欲求と内向欲求が似たようなバランスで同居している状態なので、「どちらの傾向がより強く出ているか」を見極めなくてはなりません。

このような場合、わかりやすいのは**「下唇からあご先を隠して見てみる」**ことです。

残りの部分の横のラインと、縦のラインの長さを比べたときに、ほぼ同じくらいになるようならディラテ、縦のラインのほうが目立つようならレトラクテという判定になります。

●「肉付き」を見る

これで、顔の輪郭から「体力量」ひいては「コミュニケーションへの欲求量」を読み取れるようになりました。

ただ、中には「自分の輪郭はどっしりしているけれど、コミュニケーションはそれほど好きじゃない」という人もいます。この点を理解するには、その人の「肉付き」を見る必要があります。

ふっくらと肉付きが豊かな顔は、他者への寛容性や、環境への順応性を表します。

肉付きとは、いわば「感受性を覆《おお》うカバー」であり、肉付きのいい人は良くも悪くも鈍感。したがって、些細《ささい》なことにはいちいち反応せず、寛容に他人と付き合うことができます。

一方、**顔の肉付きが薄くて平らな面の多い人は、感受性が強い分、自分の殻《から》を守ろうとする傾向があります。**このタイプの人は、限られた相手との深い交流を好みます。

「輪郭×肉付き」で分類すると、輪郭がどっしりしていて肉付きもいい人ほど、どこでも誰とでも仲良くなれる、根っからの社交派ということになります。反対に、輪郭が細くて肉付きも薄いと、周囲になかなかなじめない、気難しい人が多くなります。

問題は、その中間に位置する人々です。顔の輪郭はどっしりしているけれど肉付きは薄い人に、「この人は誰とでも仲良くなれる人だ」と思い込んで全力で距離を詰めてしまうと、意外と拒絶に遭《あ》ったりするかもしれません。だからこそ、「足し引きで全体のバランスを見る」ことが重要になってくるのです。

なお、「肉付きがいい」というのは、必ずしも「太っている」ということではありません。**個々のパーツがふっくらしていることで、顔全体の肉付きの薄さを補《おぎな》って**

● 輪郭と肉付きの相関関係

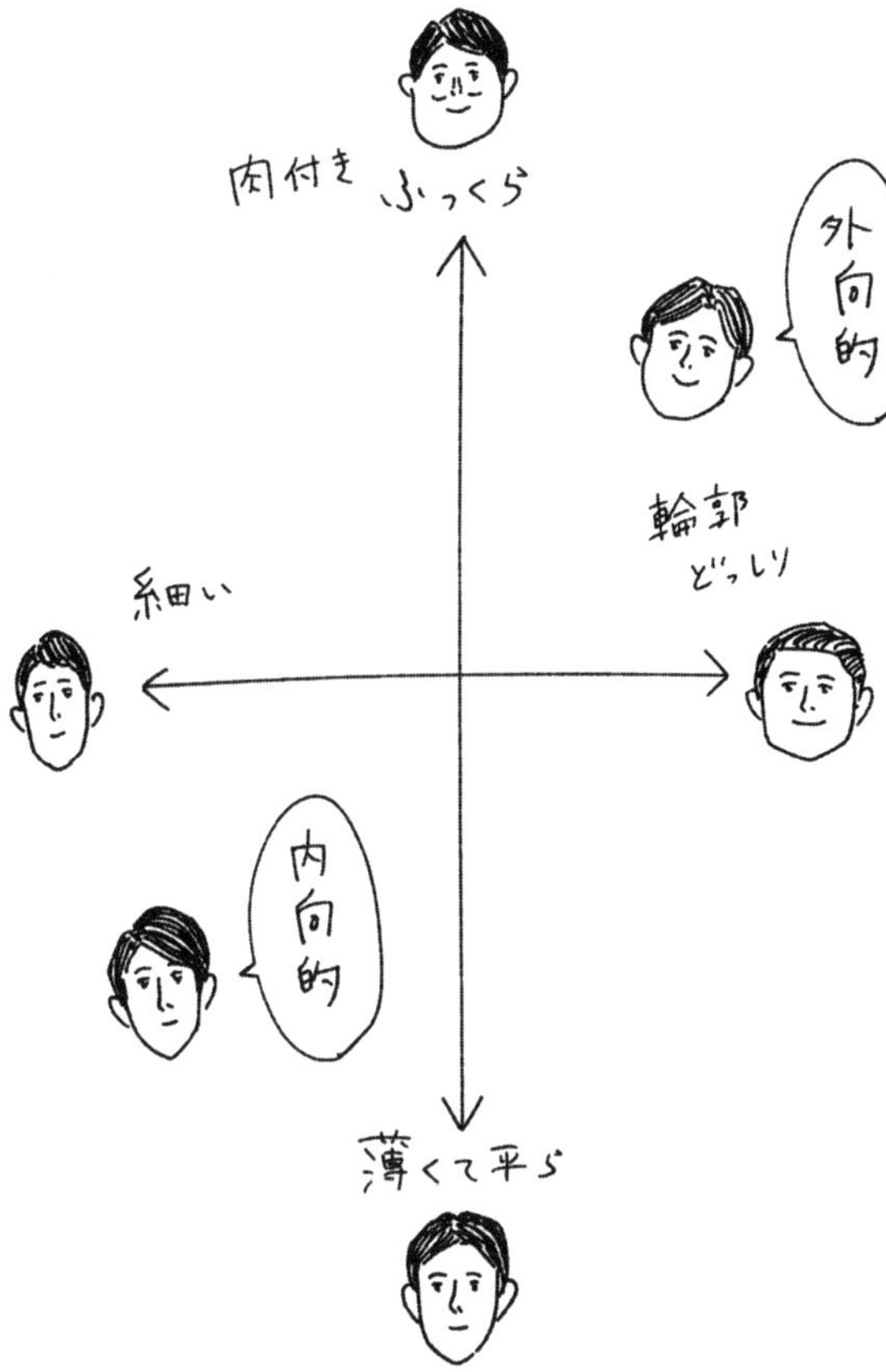

いるケースもあります。アメリカのオバマ元大統領がまさにこのパターンで、印象としては痩せ型ですが、唇が厚く、下まぶたがぽってりしています。そういった部分に、彼の寛容性や順応性の高さを見て取ることができます。

また、全体としては太っていても、顔の肉付きは意外と薄いというケースも散見されます。そうでなければ、世の中の力士はみんながみんな、寛容性と順応性が高いということになってしまうでしょう。太っている人の顔の肉付きは、横顔を見れば簡単にわかります。

肉付きのいい人は、横から見たときに頬《ほほ》がふっくらと盛り上がっていますが、肉付きの薄い人は頬が真っ平ら。ぜひ、テレビの相撲中継でチェックしてみてください。

●「拡張ゾーン」を確認する

相貌心理学では、顔を「思考」「感情」「活動」の3つのゾーンに分けて観察します。

思考ゾーン：額《ひたい》のてっぺんから目の下までのゾーン

感情ゾーン：目の下から唇の上までのゾーン
活動ゾーン：唇の上からあご先までのゾーン

以上の3つのうち、顔の中で最も面積が大きく広がっているゾーンを、その人の**「拡張ゾーン」**と呼びます。拡張ゾーンを見れば、その人の「価値観」（何をモチベーションにしているか、何に満足感を得ているか）を読み取ることができます。

①思考ゾーンが拡張→知識や教養を大切にするタイプ

理論や理屈で物事を考えるのが得意で、想像力も豊かです。その一方で、妄想や空想に走りがちな面や、理想主義的な面も見られます。

このタイプの人は、何事も「目的」や「意味」を理解できないと受け入れません。「なぜやるのか」「誰のためにやるのか」といったことを、自分なりに納得しない限り、モチベーションが湧《わ》かないという傾向があります。

したがって、思考ゾーンの人を動かすには、とことん「ロジック」で説明する必要があります。

②感情ゾーンが拡張→感情の共有を大切にするタイプ

コミュニケーション能力が高く、共感力にもすぐれています。その一方で、感情で物事を判断したり、客観性に欠けたりする面も見られます。

このタイプの人は、モチベーションが「好き嫌い」に大きく左右されます。彼らを動かそうと思ったら、まずは「共感」することで距離を縮《ちぢ》めることが大切です。

また、周りに自分の存在価値を認められたいという承認欲求がとても強いため、「この仕事は君にしかできない」といった褒《ほ》め言葉（おだて）によって、才能が開花するケースも多いようです。

③活動ゾーンが拡張→物欲、食欲などの本能を大切にするタイプ

いわゆる「現実主義者」で、3つのゾーンの中では一番、ビジネスライクな人たちといえます。考えるより先に手足が動くので、大工仕事や手芸などの実作業が得意な

● 3つの拡張ゾーン

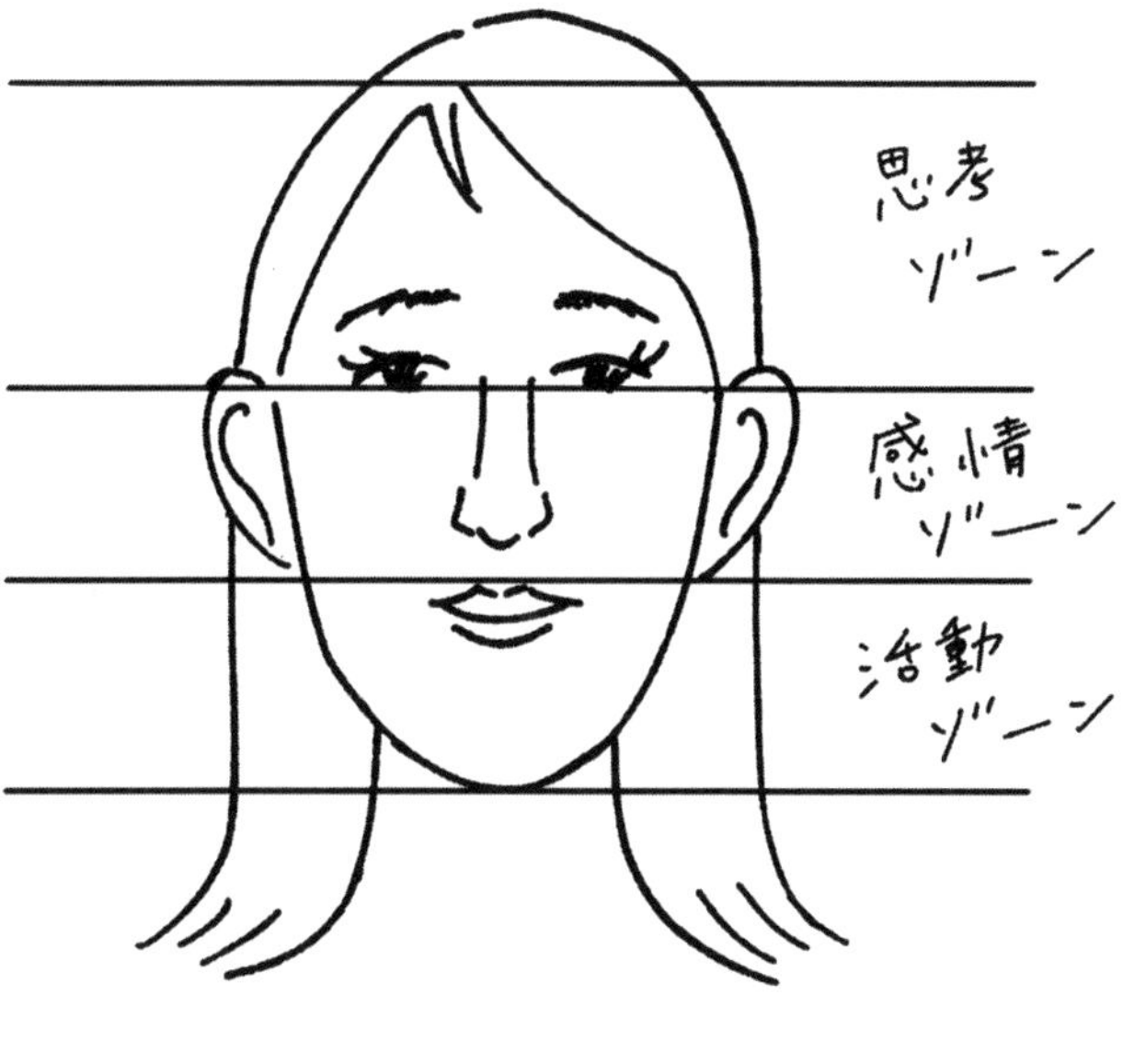

のも特徴。実利を重んじるため、お金の扱いにも長《た》けています。一方で、ゼロから何かを生み出すようなクリエイティビティには欠けるところがあります。

このタイプの人は、「収入が増える」「出世する」といった、目に見える価値がモチベーションに直結します。したがって、彼らに力を発揮させようと思うなら、ロジックや共感よりも「実益」を提示する必要があります。

●二芸に秀でる「二重拡張」

珍しいケースではありますが、拡張ゾーンが複数ある人もいます。

「思考ゾーンと感情ゾーンが同じくらい広い」といったような場合で、これを**「二重拡張」と呼びます**。二重拡張の人は、**成功すると歴史に名を残せるようなポテンシャルを秘めています**。

たとえば「思考」と「感情」の二重拡張の場合、頭のなかで豊かな想像力を膨《ふく》らませながら（思考）、個人の感情にも寄り添うことができる（感情）ため、社会貢献やアーティスティックな分野で大きな力を発揮することが可能です。画家のサルヴァドール・ダリ、文豪の三島由紀夫《みしまゆきお》、太宰治《だざいおさむ》、夏目漱石《なつめそうせき》といった古今東西の芸術家をはじめ、最近では台湾のデジタル大臣として社会改革に敏腕《びんわん》をふるうオードリー・タン氏なども、思考と感情の二重拡張です。

また、政治家や経営者に多く見られるのは、「思考」と「活動」の二重拡張です。このタイプの人は、崇高な信念や理想を掲《かか》げて行動しつつ（思考）、その想像を具体的な形に落とし込む能力に優《すぐ》れている（活動）からです。

そう聞くと、二重拡張とはすばらしい特質であるように思えるかもしれませんが、実際には二重拡張ゆえに、**心の悩みを抱《かか》えてしまう**人も少なくありません。

というのも、二重拡張の強みは、両者のバランスが健全に保たれていてこそ発揮されるものだからです。そのためには、バランスを支えるための体力が必要。体力がともなわないと、どうしてもどちらかを優先しなくてはならないような局面で、うまく「割り切る」ことができません。

たとえば、「思考」と「感情」の二重拡張の人が急遽《きゆうきよ》、休日出勤で家族サービスを放棄しなくてはならないようなケースで、ロジカルな部分が「仕事だから当然だ」と考えようとすると、感情の部分が「子どもがかわいそうだ」と邪魔をする。かといって感情で割り切ろうとしても、今度は思考の部分が「そんな言い分は通用しない」と横槍を入れてくる。

そんな場合に、体力がある人はケースバイケースでうまく割り切ることができますが、そうでない人は大きなストレスを抱えてしまいます。

それなら、もともと「思考」か「感情」のどちらかに振り切っている人のほうが、よほど楽だと考えることもできるでしょう。**二重拡張という特質は、すばらしい可能性を秘めている反面、「生きづらさ」につながることもある**のです。

●拡張ゾーンで理想のチームを考える

拡張ゾーンから読み取れる相手の性質は、ビジネスパートナーとしての相性を見極める際にも役立つでしょう。

基本的には、同じゾーン同士の相性はとてもよいと考えられます。価値観が似ているため、お互いが求めているものを理解しやすいからです。いわば阿吽《あうん》の呼吸でコミュニケーションできる間柄であり、ストレスなく付き合える相手と言えます。

もっとも、**似ているからこそぶつかり合う**こともあるでしょう。

「思考ゾーン」同士の場合は、お互いに理屈っぽいため、マウントの取り合いや口論になりがちです。

「感情ゾーン」同士の場合は、好き嫌いといった主観で意見が割れると、たちまち感情のぶつかり合いになります。

「活動ゾーン」同士の場合は、お互いが自分の利益を追求しようとするので、一度方向性を違えると、冷めた関係になりがちです。

とはいえ、ぶつかり合いになりそうな場合でも、同じゾーン同士なら、似ているからこそ相手の考えていることがわかるはず。お互いの「地雷」を避《さ》けながら、よいコミュニケーションを築くことができるでしょう。

また、「輪郭が異なる」という理由で、同じゾーン同士がぶつかり合う場合もあります。先ほども述べたように、輪郭がどっしりした人（ディラテ）と面長の人（レトラクテ）では、体力やコミュニケーションの欲求量などに差が出やすいためです。

●ギブ・アンド・テイクの関係を築くポイント

一方、異なるゾーン同士の場合、同じゾーン同士のようなスムーズな意思疎通は難しいかもしれませんが、**お互いの短所を補い合うような「ギブ・アンド・テイク」の関係が成立する**ので、チームとして組んだときに力を発揮することも大いにありえます。

そのためには、お互いの違いを踏まえて、どうすれば相手を尊重しながら歩み寄ることができるのか、理解する必要があります。

①「思考」×「感情」

ロジックを大切にする思考ゾーンの人から見ると、素直な気持ちを大切にする感情ゾーンの人は、子どもっぽく、支離滅裂《しりめつれつ》に映《うつ》りがち。反対に、感情ゾーンの人から見ると、思考ゾーンの人は屁理屈の多い面倒な相手に映ります。

自分が思考ゾーンの人は、理屈一辺倒で押し通すのではなく、たまには「嬉しい」「悲しい」といった、人間味のある感情を垣間見せることで、感情ゾーンの相手の共感を得やすくなります。

また、自分が感情ゾーンの人は、素直な思いを相手にぶつける前に、ひと呼吸おいて、自分が伝えたいことの要点を、頭の中で順序立てて整理してみるといいでしょう。

②「思考」×「活動」

理想主義者である思考ゾーンの人と、現実主義者である活動ゾーンの人は、真正面からぶつかり合う間柄。思考ゾーンの人から見れば、活動ゾーンの人は欲の深い俗物に映りますし、活動ゾーンの人から見れば、思考ゾーンの人は頭でっかちな夢追い人ということになります。

このような正反対のタイプは、何もしなければ一体化することはありません。しかし、相手が自分にないものを持っているということに気づけば、お互いを補い合える最強のパートナーになるでしょう。

理想像や未来像といったグランドデザインは思考ゾーンの人が担当し、活動ゾーンの人は、それを補佐する形で実務の遂行に専念すれば、チームとして「理想を現実化」することも可能になります。

③「感情」×「活動」

楽しいことが好きで「モノより思い出」というタイプの感情ゾーンの人と、形に残るものが好きで「思い出よりモノ」というタイプの活動ゾーンの人は、お互いに関わろうとしない限り、接点のないまま終わってしまうでしょう。ぶつかり合うというより、お互いに関心が持てないのです。

感情ゾーンの人は、あえてモノやメリットにも注目し、逆に活動ゾーンの人は、メリットの有無だけで相手の気持ちを切り捨てないようにすれば、お互いに歩み寄ることができるでしょう。

●最後に「パーツ」を上から見ていく

以上のように、輪郭→肉付き→拡張ゾーンと見ていくことで、相手のパーソナリティの大枠を捉《とら》えることができます。

目、鼻、口、耳といった「パーツ」を見るのはそれからです。どこから見ても構わないのですが、私自身が分析を行なうときは、顔の上のほうから始めます。

というのも、コミュニケーションをするにも、行動を起こすにも、まずは大なり小なり「思考」が必要だからです。「額」や「こめかみ」を見れば、その人がどのように考えるのか（あるいは考えないのか）が見えてきます。

その後、視野の広さや情報の取り方を表す「目」、コミュニケーションの傾向を表す「鼻」などを見ながら下へと降りていき、最後は行動力を示す「あご」を見る、といった手順になります。

●相手のことを「多面的」に知ろう

ここまで、相貌心理学のメソッドの、ごく基本的な部分を簡単にご紹介してきました。これだけでも、「人の顔を見るポイント」の幅がぐっと広がったのではないでしょうか。身近にいる人の顔からも、今まで知らなかった情報が見えてくるはずです。

また、相貌心理学の分類法そのものも、人の内面を知るための「新しい物差し」として皆さんの役に立つことでしょう。

たとえば、ひとことで「優しい」と言っても、相貌心理学の分類を知れば、人によってさまざまな形の「優しさ」があることが見えてきます。

万人に優しいかわりに、身近な人には薄情な人もいますし、相手の言いなりになることが優しさだと思っている人もいます。なかには、あなたに悪態ばかりついてくるけれど、別の角度から相手を理解すれば、それが優しさの表れだったという人もいるでしょう。

コミュニケーションとはキャッチボールのようなもの。相手の真意を知らないままボールを投げ合っていても堂々巡りですが、ボールの受け取り方を少し変えるだけで、こちらが投げ返す球筋もおのずと変化します。すると、相手もまた違ったボールを投げてきて、そのうちに、わかり合えないと思っていた相手とも通じ合える瞬間がふと訪れたりします。

相貌心理学とは、相手のことを多面的に、解像度を上げて理解するためのツールです。ぜひ、うわべの情報だけではわからない、その人の内面を深く探求する手がかりにしていただければと思います。

Column 1

フィクション作品と相貌心理学

日本で相貌心理学についてお伝えするようになってから、マンガ家やイラストレーター志望の方が、SNSで私のアカウントをフォローしてくださることが増えました。

キャラクターの造形をどのようにすればいいか迷ったときに、「気が強いキャラクターは目尻を上げる」「繊細なキャラクターは鼻筋を細くする」「冷淡な話し方をするキャラクターは唇を薄くする」といった具合に、相貌心理学の知見が役に立つというのです。

とはいえ、じつはマンガの世界では、作者が相貌心理学をとくに勉強されているわけでもないのに、私の目から見てもきわめて的確な人物造形がなされていることが多いのです。前にも述べたように、相貌心理学のロジックは、1億人分以上もの顔分析データから抽出されたものです。マンガ家の方も、それと同じ「解」に、独自のアプローチでたどり着いているわけです。

それは、私たち一人ひとりに「第一印象で人を見極める」という能力がもともと備《そな》わっているからでしょう。第一印象が外れたときは、そのつど脳内で修正が行なわれ、分析の精度が上がっていく。これ自体、すばらしい統計的なデータです。相貌心理学は、同じことをはるかに広範囲で行ない、論理的な裏づけをしたものといえるでしょう。

マンガに限らず、ドラマや映画にしても、心に響く作品というものは、キャラクターの内面と顔がリンクしているからこそ、受け手を納得させられるのではないでしょうか。

たとえば、映画『羊たちの沈黙』に登場する、ハンニバル・レクター博士は、著名な精神科医でありながら、連続猟奇殺人犯という裏の顔を持っています。ある意味で「エネルギッシュ」な人物なので、体力がなさそうな顔では説得力がありません。

ですから、レクター博士を演じるアンソニー・ホプキンスの顔も、どっしりとした輪郭をしています。その一方で、彼の目や唇の細さに、レクター博士の怜悧《れいり》さ、緻密《ちみつ》さ、繊細さが表れています。また、鼻筋の太さからは、ダイナミックなコミュニケーションを形成できる人物であることも窺《うかが》えます。

俳優の顔と、キャラクターの造形がぴたりと一致していることが、見る人にも感覚的にわかるからこそ、レクター博士の印象がひときわ鮮烈に刷《す》り込まれるのです。

このように、好きなエンターテインメント作品に登場するキャラクターを、相貌心理学の視点で観察してみると、よりキャラクターの魅力が増すのではないでしょうか。

第2章

適性は「顔」に表れる

●「理想の会社員」の共通点

この章では、職種ごとの適性を見る際に指針とすべきポイントを紹介します。就職や転職の場面で、希望する職種に相手や自分がマッチしているのかを見極めるヒントになるでしょう。

各論に入る前に、まずは**「理想の会社員」**の顔とはどのようなものなのかを、考えてみたいと思います。次に挙げる要素が多く揃っている人ほど、「組織」の中では活躍しやすいといえるでしょう。

①肉付きがいい
②肉付きに張りがある
③額が「三分割」になっている
④口角が上がっている

以下、順番に解説していきましょう。

●チームワークに欠かせない「肉付き」

前章でも解説したように、ふっくらと豊かな肉付きは「寛容性」や「順応性」の高さにつながります。

肉付きのいい人は、他人を受け入れるのが得意なので、チームワークが前提となる会社員にとっては、大きなアドバンテージになるでしょう。

新しい環境になじむのも早いため、期間限定で動くプロジェクト型の仕事にも強いタイプです。

逆に肉付きが薄い人は、感受性の高さゆえに周囲からの刺激に敏感です。ちょっと何かを言われただけで、すぐに落ち込んだり、ストレスを抱えたりする傾向があります。

なかでも注意が必要なのは、「頬骨が出ている」人です。

頬骨の大きさは、「成功欲求」や「衝動性」の高さにつながります。他人を押しのけてでも成果を取ってくることが求められるような仕事では、大きな強みになりますが、これが「肉付きの薄さ」とセットになると、いちいち周りに反発して軋轢《あつれき》を起こしやすくなります。いわゆる「オレがオレが」タイプで、チームワークにはあまり向いていないといえるでしょう。

頬骨が出ている場合でも、その上にほどよく肉がついていれば、それが一種の「緩衝材《かんしょうざい》」のような役割を果たします。このタイプの人は、自己主張しながらも相手の立場を考えることができるため、「さっきは自分が強く出すぎたから、フォローを入れておこう」といった具合に、さじ加減ができるという強みがあります。

●モチベーションの高さを表すのは「張り」

肉付きの豊かさに加えて、そこに、指で押したときにプリッと跳《は》ね返ってくるような張りや弾力がある人は「モチベーション（やる気）」や「逆境への耐性」が高い人です。

肉付きの張りが示しているのは、物事に対する「抵抗力」。トラブルやストレスなどの逆境もポンと跳ね返すことができるため、常にモチベーションを高く保つことができます。

反対に、押したときに指がグニュッと沈むような、張りのない肉付きの持ち主は、逆境に逆らえず、押されるがままになりがちです。

もっとも、張りがありすぎても、触るものすべてを跳ね返すかのように、人の意見を受け付けにくくなるため、注意が必要です。

とりわけ、「目尻が上がっている」人は、もともと自分の見たいものしか見なかったり、聞きたいことしか聞かなかったりする傾向があるため、ここに肉付きの張りが加わると、意志の強さを通り越して「強情」なほどに人の意見を聞かなくなってしまいます。

なお、年齢を重ねれば、肉付きの張りは失われるものと考えがちですが、必ずしもそうとは限りません。

もちろん、10代と80代の張りを比べれば、それなりの差が出るのは否《いな》めませんが、高齢なりに肉付きがプリッとしている人はいるものです。

81歳でスマートフォンのゲームアプリ『hinadan』を開発した「おばあちゃんプログラマー」こと若宮正子《わかみやまさこ》さんがまさにそうで、ふっくらと張りのあるほっぺたが印象的な女性です。80歳を超えてから独学でプログラミングを始めたという、高いモチベーションのありかが、そこに表れています。

●論理的思考力を表す「額の三分割」

デスクワークから現場作業まで、あらゆる仕事に共通して求められるのが「論理的思考力」。他人に何かを説明したり提案したりする局面で、1から5へと急に話が飛んでしまっては、相手を納得させることはできません。

物事を論理的に考えられる人は、筋道立てて説明することができるので、プレゼンテーション力にすぐれているといえます。

● **額の三分割**

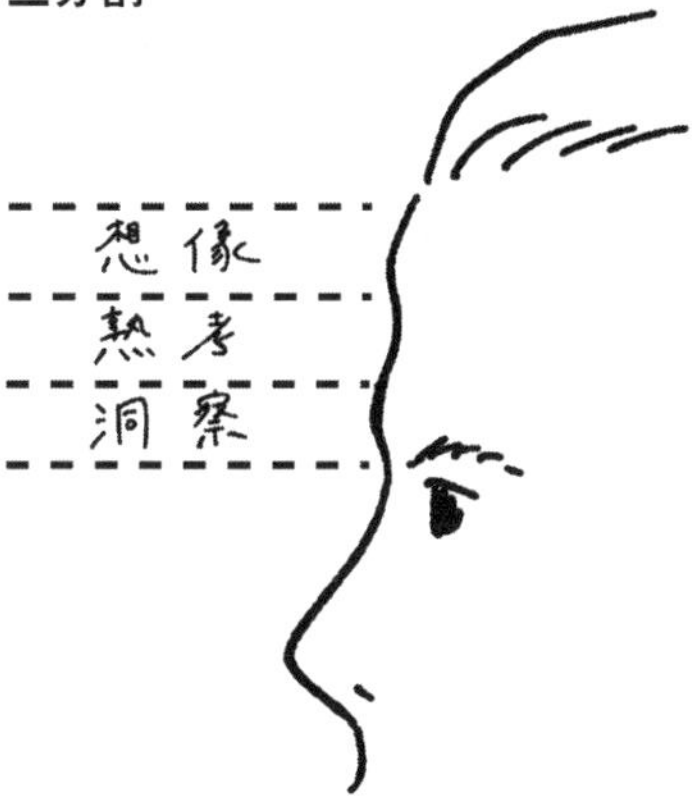

相手が論理的な思考の持ち主かどうかを見るには、前髪を上げた状態で、額を真横から観察します。**眉の真上から額のてっぺんまでが、凸→凹→凸という具合に盛り上がったり、引っ込んだりしているか**どうかがポイント。これを本書では**「額の三分割」**と呼びます。

一番上の凸は「想像」を表す部分。ここが盛り上がっている人は、0から1を生み出すことに長けた、すぐれた発想力の持ち主です。

真ん中の凹は「熟考」を表す部分。ここが引っ込んでいる人は、自分の思いつきを、一歩引いて客観的に検証することができます。

一番下の凸は「洞察」を表す部分。ここが盛り上がっている人は、物事の本質を見極める力を持っています。

論理的思考とは、以上の３つのステップを上から順にたどっていくようなプロセスと言えます。相貌心理学では、この「三分割」がはっきり確認できる人ほど、論理的思考力が高いと考えます。

とはいえ、目に見えて額に凹凸がある人は、そう多くはありません。最初のうちは見分けにくいと感じるかもしれませんが、ひとまずは**「額がつるっと滑らかではない」**くらいに捉《とら》えていただいて結構です。

額の三分割は、女性よりも男性にはっきりと見られることが多いようです。一般的に、男性のほうがロジカルだといわれるゆえんでしょう。

人の顔を見るときに、「横顔」をチェックするというのは、多くの人にとっては盲点かもしれません。

表情のつくり方やメイクアップなどで、多少は雰囲気を変えることができる正面の顔とは違って、横顔の印象操作を行なうことは難しいものです。それだけに、横顔にはその人の「本質」が表れているといえます。

だからこそ、相貌心理学では横顔の分析にも重きを置いているのです。

●向上心の高さは「口角」で見る

先行きの予測が困難な「VUCA《ブーカ》の時代」と呼ばれる今、変化を恐れずに、新たな学びを楽しむことのできる「向上心」は、あらゆるビジネスパーソンにとって必須の資質といえるでしょう。

向上心の高さを示す特徴はいくつかありますが、とりわけ注目したいのが「口角」。**口角が上がっているのはポジティブ思考、**下がっているのはネガティブ思考を示します。

イメージ通りで意外性がない、と思われたかもしれませんが、あえて注目を促《うなが》したのは、**口角は自分で意識して上げることができる**からです。

職種を問わず、誰だって、口角が下がってぶすっとして見える人よりも、口角が上がって前向きに見える人と仕事をしたいと思うもの。そうした周りの反応が本人にフィードバックされると、ポジティブな人はますますポジティブに、ネガティブな人はますますネガティブになっていきます。

つまり、外面を変えれば、内面もそれにともなって変化、成長していくのです。こうした自己マネジメントのツールとして相貌心理学を活用するという考え方にも、ぜひ注目していただきたいと思います（第5章でも具体的なメソッドを紹介しています）。

ここまでに紹介した4つのポイントは、会社員として働く以上、ほとんどの職種の人に求められるものでしょう。そこに、職種ごとに求められる資質を加味することで、それぞれの職種にぴったりな人の「顔」が見えてきます。

●輪郭によって「自分の活かし方」は変わる

もうひとつ、相貌心理学上の重要なポイントとして、前章でも解説した「輪郭」が挙げられます（23ページ参照）。

輪郭がどっしりした「ディラテ」の人は、体力が豊富で、外向欲求が強いタイプ。輪郭が面長の「レトラクテ」の人は、体力に限りがあり、内向欲求が強いタイプ。そう聞くと、ディラテのほうがビジネスパーソンとしてアドバンテージがありそうに思えますが、そこはもちろん、両者にそれぞれ強みと弱みがあります。

たとえばディラテの人は、周囲とのコミュニケーションを大切にするところが長所にもなる反面、人によく見られたいという意識が強いため、周りの意見に流されやすいところがあります。

逆にレトラクテの人は、ぶれずに自分の意見を貫けるという長所がある反面、異なる意見を自分への攻撃と捉えてしまい、過剰に反応しがちなところに注意が必要です。

各職種においても、ディラテとレトラクテのどちらが向いていると一概にいえるわけではありません。**それぞれ持ち味を発揮するためのアプローチが異なる**ということです。本書では、その違いについても詳しく触れていきたいと思います。

●チームとして、お互いを「補い合う」

ここからは、6つの主な職種について、それぞれに「適性」のある人材の顔を見ていくことにしましょう。

その前に強調しておきたいのが、どの職種についても、ひとりですべての要素を満たすようなスーパーマンは、なかなかいないということです。

組織とはジグソーパズルのようなもの。複数のメンバー（ピース）が集まって、最終的に1枚の大きな絵を完成させることができれば、それでいいのです。

それぞれに個性を持ったメンバーが、お互いを補い合えるのが「チーム」の良さ。相貌心理学の視点で、それぞれの強みと弱みを見極めながら編成することで、チームとしての可能性を最大化することができるはずです。

営業

●好奇心の旺盛さは「目」に表れる

営業職の人に求められる資質とは、フットワークやコミュニケーション力もさることながら、まずは何より「好奇心の旺盛さ」ではないでしょうか。
営業担当のなかには、卓越したセールストークによって、どんな商品を、どんな顧客にも売ることができるタイプの人がいますが、今の時代により必要とされているのは、顧客の課題やニーズに対して積極的に興味・関心を持ち、顧客の視点に立った提案ができる人材でしょう。

相貌心理学で「旺盛な好奇心」を表すポイントは2つあります。
ひとつは「**目が大きく開いていること**」。
もうひとつは「**目と目の間隔が離れていること**」。
いずれも、「情報を取り入れる力」の高さを示していますが、営業職としては、扱う商品によってどちらが望ましいかが変わってきます。

大きく開いた目の持ち主は、特定の商品に対する情報を大量に取り入れるのが得意。商社の営業担当のように、**専門領域を持っている場合**に力を発揮します。目の大きさはあまり関係なく、小さくてもウサギのようにぱっちり開いているのがポイントです。

一方、目と目の間隔が「眼球1個分」以上離れているのは、視野角の広さを表します。このような目の持ち主は、広くさまざまな情報を取ることに長けているため、**多種多様な商品を扱う仕事**で力を発揮します。

●耳が傾いているのは「行動力」のしるし

もちろん、フットワークの軽さも、営業マンには欠かせない資質でしょう。「行動力」を見るポイントとしてわかりやすいのは、**相手の横顔を見て「耳の傾《かたむ》き」に注目する**ことです。

● 耳の傾きが表す「行動力」

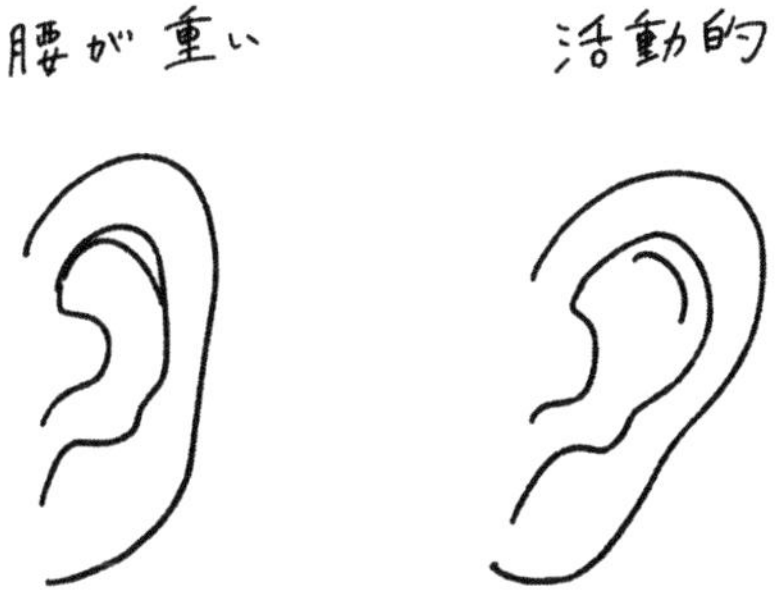

耳なんて、みんなまっすぐ（垂直）についているものじゃないの？　と思うかもしれませんが、いろいろな人の耳を観察していれば、それぞれ異なった角度でついていることがわかります。

耳の傾きは、その人の行動力が「アクセル寄り」なのか「ブレーキ寄り」なのかを示しています。

耳が大きく倒れている人ほど、アクセルが強い＝活動的。デスクワークでじっとしているのが苦手で、とにかく動き回りたいタイプです。まさに営業は適職といえるでしょう。ただし、変化を好むため飽きっぽい一面があり、同じことを長く続けるのには向いていません。

反対に、**耳がまっすぐ立ち上がっている場合は、ブレーキが強い＝腰が重い**、という解釈になります。このタイプの人は、変化そのものが苦手で、飛び込みの営業なども不得手《ふえて》。決まった顧客とじっくり付き合うような場合に、その良さが活きるでしょう。

●素直な性格は「鼻の穴」に出る

成績のいい営業担当には「素直」な人が多いと言います。

自分の考えにこだわらず、オープンに顧客の言葉を聞ける人が、顧客が抱《かか》えている問題をすくい上げ、顧客視点に立った解決策を提案できるのでしょう。

また、裏表のなさゆえに、相手の信頼を得ることができるとも言えそうです。

このような資質を表しているのが「**鼻の穴が正面から見える**」ということ。

鼻は「感情ゾーン」の真ん中に位置するだけに、その形状はコミュニケーションの指向性を見る際の大きな手がかりになります。

鼻の穴が見えているのは「自己開示」のサイン。このタイプの人は、**建前にとらわれずに本音をストレートに口にするため、相手からも本音を引き出しやすい**という強みがあります。

反対に、鼻の先が下を向いていて、穴が正面から見えない人は「秘密主義」。あまり本心を言わないので、相手からも「何を考えているのかわからない」と思われがちです。

鼻の穴が見える人は、ときにオープンになりすぎて、言わなくてもいいことまで言ってしまったり、会社として明かしてはいけないことまで明かしてしまったりするので注意が必要です。しかし、そこをうまくコントロールできれば、取引先にも気に入られやすく、営業担当としては大きな強みになるでしょう。

●飛び込みのディラテ。長く付き合うレトラクテ

営業の仕事にコミュニケーションスキルが必要なのはいうまでもありませんが、その人の「輪郭」によって、得意とするコミュニケーションのスタイルは異なります。

輪郭がどっしりしている「ディラテ」は、きめ細かさよりも大胆さが長所です。どこでも誰とでも仲良くなれる資質を活かして、**飛び込みや新規開拓をメインとした営業**が向いていています。一方で、ディラテは「習慣」を好む傾向があり、営業方法がマンネリ化しがちなので、顧客を飽きさせないよう注意が必要です。

輪郭が面長の「レトラクテ」の場合、深く狭いコミュニケーションを得意とします。したがって、**既存の顧客を相手にきめ細やかなフォローを行ない、長い付き合いを築くような営業**が向いていています。新規開拓をしなければならない場合、ファーストコンタクトはメールや電話を活用したほうが、うまくいくケースが多いでしょう。

また、レトラクテの人は理想主義的なところがあり、相手に自分の価値観を押し付けがちなので、常に顧客の立場で考えるよう心がけたいものです。

人事

●「絞り機能」をもった目で、人材を見極める

昨今、採用面接に関するハウツーがネットにたくさん出回るようになりました。応募者もさまざまな対策をしてきていますから、採用担当者としては、うまくプロデュースされていない「真の顔」を見極める必要があります。

そんな**「目利《き》き」の持ち主であるかどうかを表しているのが「目の形状」**です。目は情報の受け入れ窓口ですから、たくさんの情報を取り入れられるように大きな目であることが前提で、その上からまぶたが覆いかぶさっているような形状がベスト。幼児番組『ひらけ！　ポンキッキ』のガチャピンのように、**「半開きになった、ぽっこり重い目」**のイメージです。

これは、まぶたがカメラの「絞り」の役割を果たして、**たくさんの情報のなかから相手の強みや弱みにフォーカス**することができるからです。単に「大きくてぱっちり

● **半開き、重い目のイメージ**

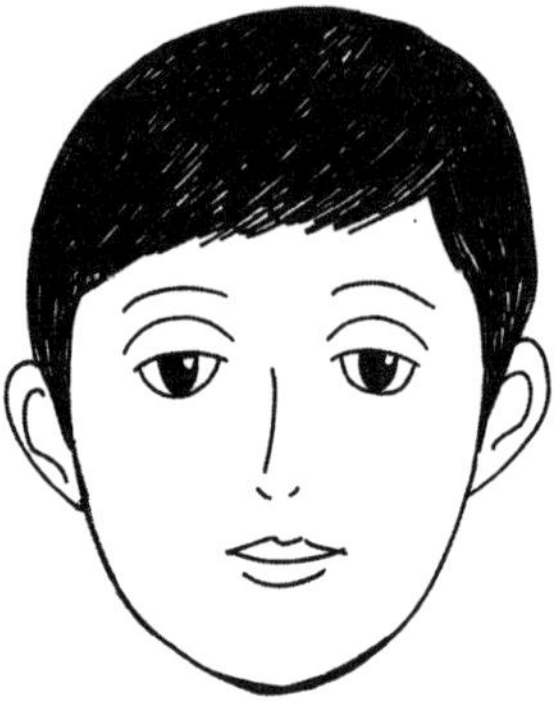

した目」では、情報が全部入ってきてしまうので、うまく取捨ができません。

人材を見極めるという点で注意が必要なのは、**表面的なイメージや、先入観に惑《まど》わされないこと**でしょう。

面接での印象も、経歴も申し分ないように思えたのに、実際に入社してもらったら「思っていたのと違った」というケースは、よくあるものです。

こうした失敗に陥りやすい採用担当者の特徴として挙げられるのが、「横から見て鼻先が下を向いている」こと。このタイプの鼻は「保守的な傾向」を示しています。

下を向いた鼻の持ち主は、なるべく採用理由のリスクを取りたくないので、応募者の人となりより、わかりやすく立派な「経歴」や「肩書」を重視しがちです。そのため、きちんと相手を見て話していれば気づけたはずの違和感を、見落としてしまうことがままあるのです。

●「人材配置」はディラテ。「才能発掘」はレトラクテ

人事の仕事では、さまざまな世代や階級の社員と交流したり、転職や合併でカルチャーの異なる世界からやってきた人材を受け入れたりと、あらゆる場面でコミュニケーションが求められます。

その意味では、外向欲求が強く、コミュニケーションを大切にするディラテ（輪郭どっしり）の人が向いていると言えるでしょう。

さらに、ディラテの人は物事のメリットとデメリットを見極めるのが得意な「現実主義者」なので、人材の使いどころを正しく判断し、適材適所に配置するスキルにも長けています。

とはいえ、レトラクテ（面長）の人にも強みはあります。目に見える情報から物事を展開していくのが得意なディラテに対して、見えないものへの「直感力」が働くのは、レトラクテならではの特徴です。

したがって、タレントを発掘したり、未経験者の伸《の》び代《しろ》を見極めたりなど、潜在的な「可能性」を引き出したいという局面では、レトラクテの人が力を発揮するでしょう。

また、ディラテにもレトラクテにも弱みはあります。ディラテの人は見える部分だけで相手を判断しがちで、レトラクテの人は相手のマイナス面にばかり目が向きがちです。いずれも人材を正しく評価する際の妨《さまた》げになりますから、それぞれが自分の弱点に注意しつつ、「チーム」としてお互いを補い合うのがベストです。

●広い額の持ち主は、リストラも淡々とこなせる

なお、拡張ゾーンの分類でいえば、額周りの面積が広い「思考ゾーン拡張」の人が、人事には最も向いています。このタイプの人は感情の動向に左右されないため、リストラが必要になったときなどにも、シビアな判断が下せるからです。

反対に、あまり人事に向いていないのは、感情ゾーンが拡張している人です。情に流されやすいため、好き嫌いで人事を決めたりしがちだからです。

ただし、感情ゾーン拡張でもレトラクテで肉付きが豊富ならば、環境や他者に対する寛容性、順応性とともに、自分の置かれている環境を守ろうという防衛能力の高さが良好に働きます。すると、会社のために必要なら「やむをえない」と自分の意に反する判断も下せるでしょう。

●会社の看板として活躍できるのは「派手顔」

自社の価値を社内外に向けて発信するのが広報・PRの仕事。言わずもがなですが、そのコアとなるのはコミュニケーション力です。

その意味で、広報担当者に向いているのは、**いわゆる「派手顔」**です。相貌心理学では「レアジッサン」と言いますが、**輪郭に対して目も鼻も口も大きいタイプ**です。

相貌心理学では、目や鼻や口などのパーツは「(外への)窓口」と考えます。目は情報をキャッチする窓口で、鼻はコミュニケーションの指向性を表す窓口です。口はエネルギーの出入り口です。

そのすべてがダイナミックに開放されているレアジッサンの人は、コミュニケーションが非常にアクティブで、まさに「社交的」という言葉がぴったり。外部との接触を面倒臭がらないため、SNSなどでのこまめな情報発信も得意です。

● 目、鼻、口は外への“窓口”

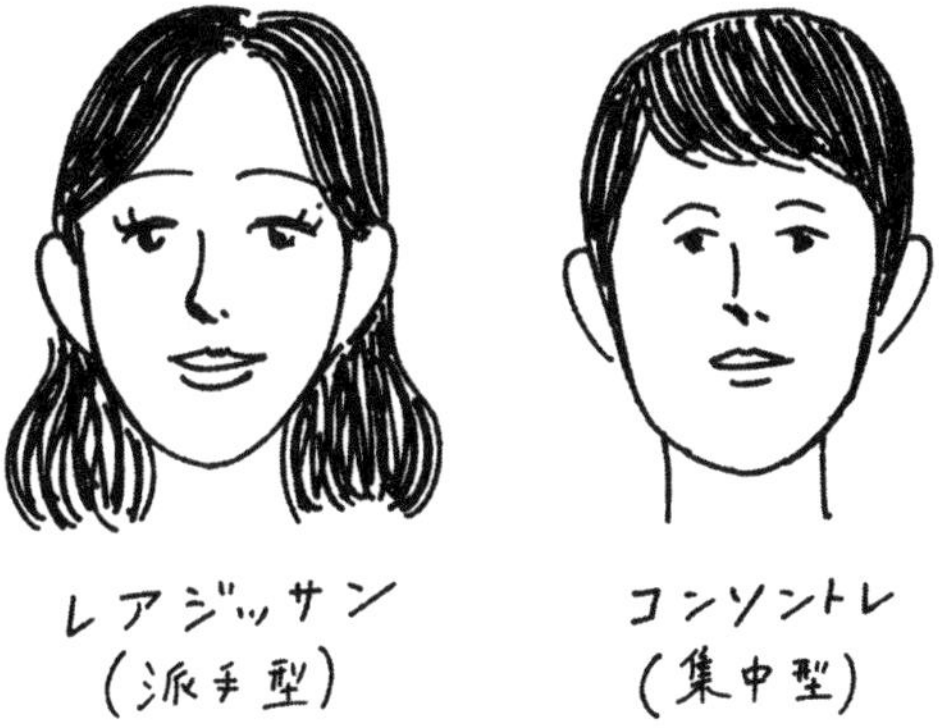

また、すべての窓口が開放されているということは、**入ってきた情報への反応も早い**ということになります。事故や不祥事などのトラブルが発生したときに、ダメージを最小限に抑えるのも広報の仕事。そんな局面でも、臨機応変に対策を立てることができます。

なお、レアジッサンは、じつは女性に多い顔立ちです(男性の場合は「コンソントレ」といって、輪郭に対して顔のパーツが中央に集中していく顔が多くなります)。広報担当者に華やかな顔立ちの女性が多いと言われるのは、じつは理にかなっているのです。

●社外プレゼンが得意なのは「額の三分割」

前述のように、表舞台に立って対外的なコミュニケーションを一手に引き受けるのが得意な広報担当者もいる一方で、裏方として広報誌やレポートをしっかり作り込んで、会社の魅力を発信するのが得意な広報担当者もいます。

後者の場合、ポイントになるのは、**論理的思考力を示す「額の三分割」**（52ページ参照）。横顔を見たときに、眉の真上から髪のはえぎわまでが、凸→凹→凸という具合に盛り上がったり、へこんだりしている額のことです。

このような額の持ち主は、ロジカルなプレゼンテーション力に優れているため、誰が読んでもわかりやすく、納得性の高い資料を作成することができます。

また、何かと「炎上」が問題になる今の時代、発信すべき情報とそうでない情報を的確に区別するスキルも求められるでしょう。**目が奥に引っ込んで見える、いわゆる「奥目」の人は、情報を精査する欲求が高い人です。**

さらに、「奥目」に加えて、重要なものを見極めることができるという意味で、「左右の目の高さに大きな非対称がない」ことがポイントになります。

●好感度狙いのディラテ、斬新さが売りのレトラクテ

「輪郭」の観点で言うと、どっしりタイプのディラテと、面長タイプのレトラクテでは、扱う商品の得意分野に違いが出ます。

現実的な物の見方をするディラテの場合、日常生活に密着した商品やサービスをアピールするのが得意です。

世の中ですでに売れているもの、流行っているものを観察して、そこから発想を展開させていくイメージです。世間での好感度を意識したPR戦略を立てたりするのもお手の物でしょう。

一方、レトラクテの場合、まったく新しいコンセプトの商品について、用途やイメージがしっかり消費者に伝わるようなプレゼンテーションを行なうことを得意としています。レトラクテの人は、「抽象的な世界観」を扱うのが得意です。

最先端のデジタルガジェットのように、普通の人が「それは本当に役に立つの？」と思ってしまうような商品でも、つい手に取りたくなるようなストーリーを提示することができるのです。

販売

●「どこで売るか」で適性が変わる

店舗でお客さんに商品を売る仕事の場合、店舗の種類によって向き・不向きが変わってきます。大きく分かれるのは「**ブランドショップ**」か「**量販店**」かというところでしょう。

高級ブランドを筆頭に、ユニークな価値観を打ち出して、独自のファンを惹《ひ》きつけているブランドショップの場合、販売員に向いているのは、顔の輪郭が**面長の「レトラクテ」**の人です。

前章でも解説したように、レトラクテの人は体力が限られているため、何事も「選び抜く」のが生存戦略です。だからこそ、自分が選んだ価値観にとてもこだわりを持っています。

その価値観に合ったブランドに巡り合えば、「伝道師」としてブランドの魅力を発信するのに、すばらしい手腕を発揮するでしょう。

一方、スーパーマーケットやドラッグストア、家電専門店などの**量販店**になると、**輪郭がどっしり型の「ディラテ」**の人のほうが向いています。

量販店では、幅広い商品を扱ううえに、異動によって売り場の担当も頻繁《ひんぱん》に替わります。なので、体力が豊富で、順応性も高いディラテの人が適しているのです。

●「カリスマ販売員」の素顔とは？

ブランドショップと量販店では、コミュニケーションの取り方がまったく違うため、量販店で抜群の販売成績を上げていた人が、ブランドショップに転職してうまくいくかと言われれば、必ずしもそうではありません。逆もまたしかりです。

しかし、ビジネス雑誌などに登場する「カリスマ販売員」の写真を見ていると、ブランドショップ、量販店を問わず、次のような共通点があることに気づきます。

・肉付きのいい面長（レトラクテ）である
・「思考ゾーン」が拡張している

ひとつには、順応性や寛容性の高さを示す「肉付き」があれば、選択指向の強いレトラクテの人でも、比較的どのような環境にもなじんで活躍できるからでしょう。

とはいえ、やはりレトラクテの人が真価を発揮するのは、自分の「こだわり」を追求できる場があってこそ。量販店であっても、「冷蔵庫に一番詳しいのは○○さんだ」といった具合に、なんらかの専門分野を持っていたほうが輝けます。

優秀なカリスマ販売員には、SNSのインフルエンサーに通じる部分もあります。総じて理想主義者で独自の世界観をもち、自分磨《みが》きへの意識が高く、それゆえに熱烈なファンを持っている点です。

これもまた、レトラクテの性質のひとつと言えます。選択指向が強いからこそ、「自分」にフォーカスできるのです。全方位指向の強いディラテの場合は、「みんな」

を意識するため、なかなかそこまで自意識を高くは保てません。

カリスマ販売員に「思考ゾーン」が拡張している人が多いのは、商品のすばらしさを「言語化」して伝える能力に長けていることを示しています。

とくにブランドショップの場合は、ブランドの価値観を広めるのがミッションなので、顧客の一人ひとりに寄り添う（共感する）というよりも、自分たちのメッセージをストーリーとして発信し、顧客をこちら側に巻き込んでいくというアプローチが有効になります。そのためには、ロジカルな思考が欠かせないということでしょう。

また、店頭でキャンペーンを仕掛けてヒット商品を生み出せるのも、思考ゾーンのなせるわざ。この際、ポイントになるのは、**おでこが「台形」であること**です。はえぎわがまっすぐで、こめかみに向かって末広がりになっているイメージです。

このような額の持ち主は、目の前の「1」を「10」に展開するのが得意で、あの手この手の企画を繰り出すことのできるアイデアマンと言えます。

一般事務（庶務）

●丁寧な仕事ぶりは「目と眉の距離」に表れる

一般事務職に求められるのは、何よりも「正確で丁寧な仕事」でしょう。それを可能にするのが「集中力の高さ」です。

相貌心理学で、集中力を見るポイントは複数あるのですが、ここでは「眉と目の間隔」に注目していただきたいと思います。何かを集中して見ているときに、眉がキュッと目に寄るように、**眉と目の距離の近さは集中力の高さを示している**のです。

もうひとつ「目と目の間隔が近い」のも集中力の表れなのですが、この場合、ひとつのことに狭く集中しすぎて、他のことが見えなくなるという弱点があります。したがって、複数のタスクを同時進行で処理しなくてはならないような場合は、目はどちらかと言うと離れ気味（＝視野が広い）で、眉と目の距離が近いほうが望ましいと言えます。

● 集中力を表す目と目の距離

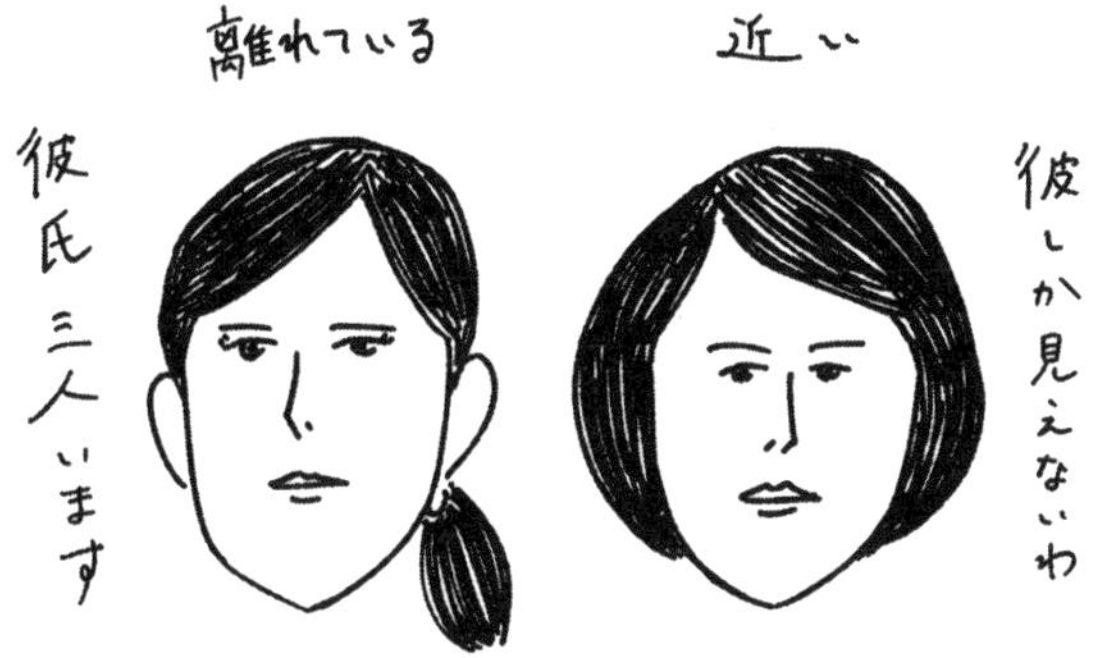

●サポートの達人は「感情ゾーン」が拡張している

他部署の人からすると、事務職のスタッフに求めたいのは「気配り」。細かい点にまで注意が行き届き、絶妙なタイミングでさりげなく助け舟を出してくれる——そんな**「サポートの達人」の特徴は、「感情ゾーン」が拡張している**ことです。

感情ゾーンが拡張している人は、根っからの世話好き。気持ちの共有がモチベーション源なので、人の役に立って「ありがとう」と言ってもらえることが大好きなのです。

このタイプの人は、「いい人を演じたい」

という気持ちが強く、他人からどう見られるかを常に気にしています。それゆえの生きづらさもあるのですが、反面、どのような振る舞いが相手から求められているのかを熟知しているため、サポート役としてはとても有能です。それで相手から感謝されれば、本人の承認欲求も満たされるという、ウィン・ウィンの関係を築くことができます。

●人と関わる仕事ならディラテ、書類仕事はレトラクテ

ステレオタイプな事務職のイメージでは、体育会系を思わせる「輪郭どっしりタイプ（ディラテ）」よりも、文化系を思わせる「面長タイプ（レトラクテ）」のほうが向いているように思えるかもしれません。

しかし、**ルーティンなデスクワークを好むのは、じつはディラテのほうだったりします。**

ディラテの人は、持久力があるため根気強く、地道な仕事も苦になりません。むし

ろ、豊富な体力を武器にたくさん働いて残業代を稼いだりすることにモチベーションを見いだせるタイプです。

部署の垣根に関係なくコミュニケーションを楽しめるディラテの持ち味を活かすには、同じ事務でも幅広く人と関わる仕事が向いています。社内外で開催されるイベントの運営や、社員や取引先に冠婚葬祭があったときの対応などの業務を含む、総務事務の仕事などは適任と言えるでしょう。

ただし、ディラテの人はイレギュラーな出来事に対処するのがやや苦手なので、なるべくマニュアルがきっちりと準備されている職場が向いています。また、柔軟な変化が推奨《すいしょう》される今どきの企業よりも、ある程度古い仕組みで動いている伝統的な企業のほうが、居心地のよさを感じられるでしょう。

一方、**細やかさや精密さを活かした事務処理や書類作成などは、レトラクテの得意とするところ**。それも、作業の進め方に「自己流」が取り入れられるような自由度の高い職場ほど、持ち味を発揮することができます。

さらに、スキルアップを福利厚生でサポートしているような職場であれば、ルーティンワークの中でも自分なりの理想を追求していけるので、選択欲求の強いレトラクテの人でもモチベーションを保つことができるでしょう。

なお、レトラクテは仕事よりも趣味など自分時間を優先したいタイプなので、なるべく定時に帰宅できる職場のほうが向いています。

危機管理担当

●危機管理に強いのは「思考ゾーン」拡張タイプ

製品の事故からシステム障害、コンプライアンス違反まで、会社の屋台骨を揺るがしかねない、あらゆるトラブルに対処するのが危機管理（リスクマネジメント）担当者の仕事。その際、大きく求められるのは、以下の2点でしょう。

・問題が発生したのち、敏速かつ的確な対策が打てるか。
・平時からトラブルの予防に努めることができるか。

この2点を満たす資質は、いずれも「思考ゾーン」に表れます。

したがって、まずは**思考ゾーンが拡張しているか**どうかが、リスクマネジメントへの適性を見るポイントといえるでしょう。感情ゾーンが拡張している人の場合、想定外のトラブルに接すると、理性を失って衝動的な判断をしてしまうことがあります。

●「おでこの傾斜」が臨機応変な判断につながる

問題発生時の臨機応変な対応に直結するのは、おでこの形状です。

すでにおなじみの、論理的思考力を示す「額の三分割」（52ページ参照）に加えて、**「額が傾斜している」**ことが大きなポイントになります。

他人の額の角度など、気にしたことのない人がほとんどかと思いますが、前髪を上げた状態で額を横から観察すれば、人によって異なることがわかるでしょう。大きく分類すれば、次の3タイプのいずれかになります。

①額が大きく傾斜している→思考のスピードが速い
②額がまっすぐ立ち上がっている→熟考型
③額がぷっくりと前に出ている→空想型

危機管理時に力を発揮するのは、①の「額が大きく傾斜している」タイプです。

● 額の傾斜の3タイプ

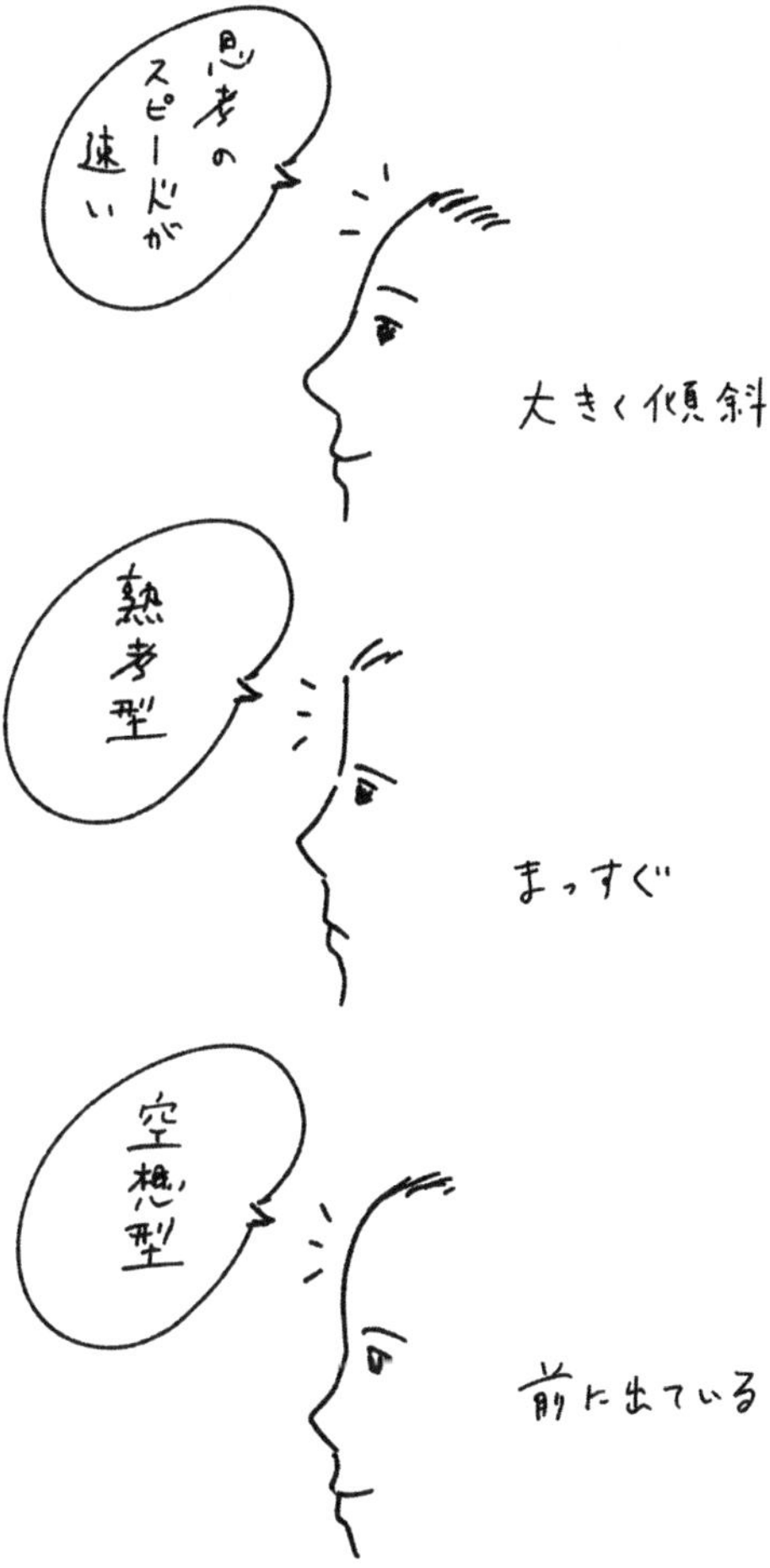
思考のスピードが速い
大きく傾斜
熟考型
まっすぐ
空想型
前に出ている

相貌心理学では、傾斜は「アクセル」、直立は「ブレーキ」を表していると考えます（61ページ参照）。つまり、**額の傾斜は「思考の速さ」を示しているわけです**。

一刻を争う緊急事態下では、判断をじっくり熟考しているわけにはいきません。かといって、勢いで場当たり的な判断を下されても困ります。

その点、「額の傾斜」と「額の三分割」の両方がそろっているということは、**「スピーディに熟考」**できるということを意味するのです。

●問題解決力の高さを示す「平らなこめかみ」

もうひとつ、マイナーな部位ですが、注目したいのが**「こめかみ」の形状**です。

こめかみの形状は、正面から見たときに、「内側にへこんでいる」タイプと、「へこまずに平らになっている」タイプがあります。

リスクマネジメントに強いのは、後者の「平ら」なタイプです。相貌心理学で「へこんでいる」というのは「内側に入る」というサイン。こめかみがへこんでいる人は、「ああでもない、こうでもない」と堂々巡りで物事を考えてしまいがちなのです。

一方、平らな場合は、それこそフラットに、決まりごとや常識にとらわれず、「この状況ではこうしたほうがいい」という現実的な問題解決のプロセスを示すことができます。

●「問題解決能力」はこめかみに注目

平ら
こうすれば解決するわよ
ややへこんでいる
それはルール違反よ
かなりへこんでいる
解決しない方がいいと思うわ

●「台形のおでこ」はシミュレーション力が高い

最後に、平時からトラブルを想定して予防策が打てるかという点も、額の形状（正面）に見て取ることができます。

額に「高さ」があるのは、豊かな想像力の証《あかし》。これに加えて、額が「台形（はえぎわが平らで、こめかみに向かって広がっている）」である場合は、目の前の現実からさまざまなイメージを展開できることを意味します。つまり、この形の額は「シミュレーション力の高さ」を示しているというわけです。

●経験値に頼るディラテ。未知に対応できるレトラクテ

「輪郭」別に見ると、どっしりタイプのディラテと、面長タイプのレトラクテの大きな違いは、「経験」を活かしてリスクマネジメントするか、「想像」を活かしてリスクマネジメントするかという点に表れます。

ある程度、各所で知見が積み上がっているような問題（たとえばハラスメントへの対

応など）を扱うのは、「経験」から行動を展開させることに長けたディィラテの得意とするところです。

一方、今回のコロナ禍のように、誰も想定していなかったような危機に対処するのは、「想像力」に長けたレトラクテの領分です。

また、さまざまな分野でテクノロジーの進化が加速している社会では、従来は存在しなかった倫理上の議論も次々に登場しています。こうした「未知の問題」に対処するにも、レトラクテならではの想像力がますます必要とされるようになるでしょう。

Column 2

「セクハラ」「パワハラ」の真実

よく尋《たず》ねられる質問に、「セクハラ顔」や「パワハラ顔」とはどんな顔ですか？　というものがあります。

しかし、多くの場合**セクハラやパワハラとは、コミュニケーション感覚の相違**によって生じるものです。つまり、自分が心地いいと感じる（少なくとも許容できる）距離感や言葉の使い方が、相手のそれとズレがあったときに、人は「セクハラ（パワハラ）だ」と感じるのです（もちろん、明らかな加害意識を持って行なわれる場合は、この限りではありません）。

したがって、環境や相手によっては、誰もがセクハラやパワハラの加害者（被害者）になる可能性があると言えます。

相貌心理学的には、先ほど述べた「コミュニケーション感覚の相違」は、「拡張ゾーンの違い＝価値観の違い」「輪郭の違い＝体力量の違い」によって起こりやすいと考えられます。

たとえば、思考ゾーンが拡張している人は、「接触によるコミュニケーション」があまり得意ではありません。一方で、活動ゾーンが拡張している人は、「相手と触れ合うようなコミュニケーション」が心地よいと感じます。
この両者が出会うと、活動ゾーンの人は悪気なく距離をぐいぐい詰めてきたり、気軽にボディタッチをしたりします。それが、思考ゾーンの人には耐えられません。さらにこれが、会社の上司と部下の関係のように、相手にノーと言いにくい間柄になると「セクハラだ！」ということになってしまいます。

パワハラの場合も、理屈は同じです。思考ゾーンの人は、どうしても言葉が理詰めになりがち。相手に直してほしいところを理路整然と説明しているだけのつもりが、気持ちの共有を大切にする感情ゾーンの人にとっては「言葉で追い詰めようとしている」と感じられる。それが「パワハラをされた」という感覚につながっていくのです。

だからこそ、自分と相手の拡張ゾーンを確認した上で、まったく同じように接していても、Aさんとはわかり合えるけれど、Bさんには不快に感じさせる可能性がある……といった違いを認識しておく必要があります。
それだけでも、コミュニケーション上のトラブルはぐっと少なくなるでしょう。

第3章

「顔」でわかる適職

IT（SE、プログラマー）

●システムの最適解を導き出す「額の三分割」

ＩＴ関連の技術職としてニーズが高い職種といえば、「システムエンジニア（ＳＥ）」と「プログラマー」です。ＳＥは顧客とのやり取りやシステムの設計を担当し、プログラマーはＳＥから依頼された仕様書を基に、プログラムを組んでシステムを構築していきます。

ＳＥ、プログラマーともに、システムに求められる「最適解」を導き出すためには論理的思考力が欠かせませんから、**「思考ゾーン」が拡張**している人が向いています。**物事を筋道立てて考えられるサインである「額の三分割」**（52ページ参照）も、必須といえるでしょう。

●理想のプログラマーは〝粗品顔〟

そのうえで、**プログラマーには「思考の速さ」を表す「額の傾斜」も欲しい**ところです。

プログラマーに必要なのは、ある程度の「スピード感」と「思い切り」。納期というものがある以上、好きなだけ時間をかけるわけにもいきません。また、システムに障害が起きたりしたときに、迅速に対応するにもスピード感が必要です。

これまでに、さまざまな有名人の方の顔を分析してきましたが、その中で「この人はプログラマー向きだ！」とピンと来たのが、お笑い芸人の粗品《そしな》さんです。

粗品さんの顔で特徴的なのは、**額に「高さ」があり、なおかつ額が「台形」である**ということ。これは、想像力の豊かさに加えて、その想像を具体的なアイデアに落とし込んでいく、展開力の高さを表しています。

プログラムの知識だけがあっても、優れたシステムをつくれるとは限りません。使

● プログラマーに適した"粗品顔"

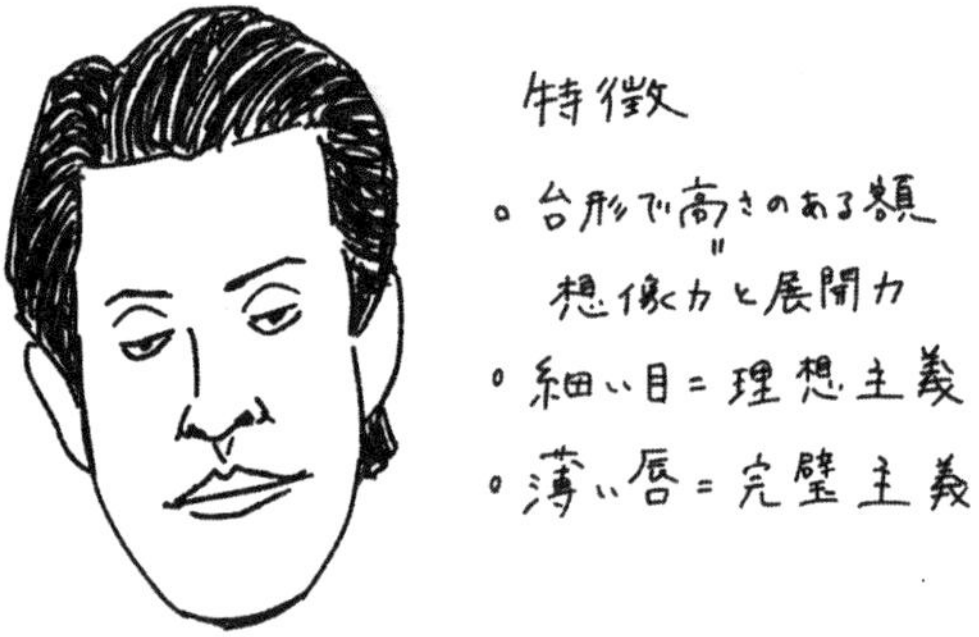

う人に満足してもらうには「どうすればもっと便利に使えるか」を想像する力は必須といえるでしょう。

さらに、粗品さんの場合、**顔立ちを構成する要素がことごとく「細い」**のも、プログラマー向きと言えます。

目の細さは「理想主義」を表し、**唇の細さ（薄さ）は「完璧主義」**の表れ。「細さ」には、「対象を絞り込む」というニュアンスがあるため、「目標を厳密に絞り込んでいる」と考えればわかりやすいでしょう。

これらは、緻密な作業が求められるプログラマーにとって、欠かせない資質といえます。

さらに、**顔の輪郭そのものが細い「レトラクテ」**であるのもポイント。コミュニケーション志向は低めですが、その分、一人で黙々と作業をすることに向いています。

●ディラテの「コミュ力」がSEの強みになる

一方、ＳＥの場合は、プログラマーとは反対に、**額に傾斜がつきすぎているのは要注意。**おでこの傾斜が大きな人は、思考が速すぎるため、クライアントの話を十分に聞かずに「わかったつもり」になってしまう傾向があるからです。

クライアントから「●●が重要です」という要望があったとします。

その先には「なぜ重要かというと、こういう理由があるからですよ」という説明が続くのに、思考が速すぎる人は「●●」という最初の単語の部分だけを拾って「はいはいＯＫ」と、勝手に納得してしまい、あとの説明をよく聞いていないということがままあります。すると、クライアントの要望からはかけ離れたものができてしまうことになりかねません。

ＳＥにとっては「顧客とのコミュニケーション」や「チーム力」といった要素が大

きな比重を占めますから、**外向欲求の強い「ディラテ（輪郭どっしり）」**であることもポイントになるでしょう。自分が良しとするものにこだわりがちなレトラクテと違い、ディラテの人は「顧客のニーズは顧客のニーズ」と割り切って考えることができるので、その意味でもＳＥ向きと言えます。

クリエイター

●「ぱっちり目」は新情報をキャッチするアンテナ

新聞・雑誌・テレビ・Ｗｅｂ・ゲーム、ファッションなど、あらゆるジャンルのコンテンツ制作に携わるクリエイティブ職。

記者・編集者、Ｗｅｂデザイナー、コピーライター、ゲームクリエイターなど、その中に含まれる職種はあまりにも広範ですが、どの職種にも共通して必要なのが**「新しい情報をキャッチする感度」**でしょう。

それを表すポイントになるのが、**「ぱっちりと開いた目」**です。目は情報の窓口であり、それが大きく開いているということは、情報のキャッチ力の高さを意味するからです。

とりわけ、デザイナーのように「視覚」に訴えかけるコンテンツに携わる人ほど、目から取り入れる情報の多さは重要になってきます。

そのうえで、単にぱっちりと開いているだけでなく、大切な情報だけを的確にキャッチする「フォーカス機能」がついていることもポイント。大きな目の上からまぶたが覆いかぶさっているような、**「半開きになった、ぽっこり重い目」**がサインです。

もうひとつのポイントは、横顔を見たときに、**耳が（垂直ではなく）傾斜してついていること**。「垂直」に対する「傾斜」は、「ブレーキ」に対する「アクセル」を意味し、変化を求めて自ら積極的に動く性質を表します。やはり自分から動き回ってこそ、本当に新しい情報をキャッチできるのではないでしょうか。

●「子どものような想像力」の持ち主とは

クリエイティビティの要《かなめ》である「創造力（想像力）」を見るポイントは、主に2つあります。わかりやすいのは**「額に高さがある」**ということでしょう。

もうひとつのポイントは、横顔を見て、**耳の中心を通るようにまっすぐ線を引いたときに、前と後ろの大きさのバランスが「1対1」になっている**ことです。

● 頭の前後バランスは想像力を表す

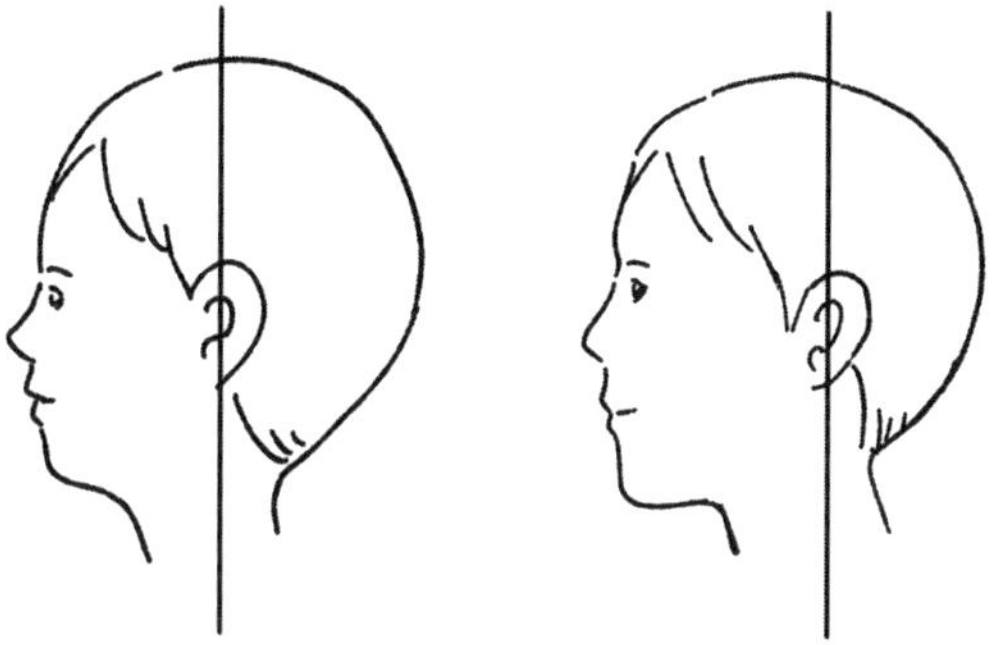

1：1　　　　2：1

この分け方が何を意味するかと言うと、前が「行動」で、後ろは「（記憶や想像などの）頭の活動」を表しています。

幼少期は、自分で行動できる範囲が限られていますから、前と後ろのバランスが1対1です。しかし、成長するにしたがって行動範囲が広がっていくと、このバランスが2対1になって、前のほうが大きくなります。

ところが、大人になっても前後のバランスが1対1のまま変わらない人もいます。いわゆる**「子どものような想像力」を持っている**といわれる人々で、音楽家や作家によく見られるタイプです。彼らは、目に見えないものを頭の中で統合し、音や絵や文章などの「現実」としてつむぎだすことに長けています。

正面から見たときに、額に高さがなく、あまり想像力がないタイプかと思いきや、横顔を見ると前後のバランスが見事に1対1になっている人もいます。この場合、正面から見た額の形が末広がりになった「台形」であれば、現実主義で展開力に長けていることを意味するので、想像力と現実志向の両方を兼ね備えていると解釈できます。

たとえばコピーライターやパッケージデザイナーのように、「商品説明を兼ねたセンスのいい作品」を求められるような仕事では、この**想像と現実のバランス**がとても大切になってきます。ポエムやアートなら、想像力オンリーですばらしい作品が生み出せるでしょうが、現実世界の消費者に向けてメッセージを伝えるとなると、また違った発想が必要になるからです。

●自分が「作家肌」なのか「職人肌」なのかを見極める

クライアントがいる仕事の場合は、先方との相性にも注意したいもの。

輪郭が面長（レトラクテ）で、目も鼻も口も全部細いクリエイターは、自分のアイデアに強いこだわりがある「作家肌」。さらに肉付きも薄いと、寛容性や順応性に欠けるため、クライアントからダメ出しをされるのが非常に苦手です。

相手の全面的な信頼を得て、「思い切り好きなようにやってください」というような仕事では、すばらしい力を発揮するのがこのタイプ。反対に、官公庁の仕事のように、細かいリクエストや修正が入りがちな仕事は、とてもではありませんが耐えられないでしょう。

一方、クライアントの**要望に細かく応えなくてはならない仕事の場合は、輪郭どっしりタイプ（ディラテ）の出番です。**ディラテの人なら、持ち前の展開力を活かして、クライアントの意図を汲みながら、自分が一生懸命考えたアイデアでも淡々と取捨選択を行なうことができるでしょう。

さらに、ここに「肉付きの良さ」があれば、順応性や寛容性の高さも加わって、うるさ型のクライアントも満足させることができるはず。まさに「職人肌」のクリエイターと言えます。

地方公務員（市役所職員・警察官）

●公務員に求められるのは、いい意味での「鈍感力」

地域コミュニティで活動する公務員といえば、「県庁や市役所の職員」と「警察官」が代表的な存在。街中でこれらの職業の人々を観察していると、**顔の肉付きのいい人**が多いことに気づきます。

これは、公務員にはまず何より**「寛容性」や「順応性」が求められる**からでしょう。

公務員は、上司の指示にしたがう義務が法律で規定されており、他の職業以上に「上下関係」が厳しい世界。**多少の理不尽は日常茶飯事**です。したがって、健《すこ》やかなメンタルを保つために、「受け入れる力」が不可欠なのです。

さらに、公務員は行政に不満を抱えた市民と向き合う中で、理不尽なクレームを受けたり、暴言を浴《あ》びせられたりすることもあるでしょう。

肉付きがいいということは、こうした**外部からの雑音に対して、いい意味で「鈍感」**でいられることを意味します。

また、肉付きがよく輪郭がどっしりしている人は、「目の前の現実がすべて」というところがあり、**自宅までストレスを持ち帰りません**。その場では「この野郎！」と思っても、家に帰って嫌な人が目の前からいなくなると、都合よく忘れることができます。

それが、輪郭が細く肉付きが薄い人になると、感受性が強い分、嫌なことをいつまでも根に持ってしまうのです。

●お役所仕事では「出る杭は打たれる」

細かいパーツでいうと、**「突出している部分」があまり目立っていないほう**が、公務員向きの顔と言えます。

頬骨が張っている。耳が立ち上がっている（正面から耳が見える）。鼻筋が過度に傾斜している（横から見たときに鼻先が前に出ている）。あごが前に出ている――これらの特徴は、いずれも「自己主張の強さ」や「独立精神の旺盛《おうせい》さ」を表します。したがって、お役所的な組織では浮いてしまうおそれがあります。

市役所職員の場合は、相談に来た市民とコミュニケーションすることが仕事ですから、なおさら強すぎる自己主張はマイナスになることがあります。相手の訴えにきちんと耳を傾けずに、自分の意見を押しつけているようでは、市民の信頼は得られないでしょう。

突出しているパーツが多い人の場合、やはり「肉付きのよさ」で鋭角的な印象が抑えられていることがポイントになります。

とりわけ、**唇がふっくらとしている**人は、優しい言葉をかけるのが得意で、相手にも寛容な印象を与えるため、穏やかな人間関係を築くことに長けています。窓口のスタッフとしても適任と言えるでしょう。

なお「自己主張が控えめ」というのと、「自分を持っていない」というのは、また別の問題です。あまりにも自分がなさすぎると、日々の困難な業務の中で自信を失いやすかったり、極端なケースでは、上司に命じられるままに組織ぐるみの不正に手を染めたりするようなことにもなりかねません。

この違いは「あご先」を見ればわかります。あご先がシュッと尖《とが》っているのは、自分に自信がないサイン。逆に、**あご先のラインに平らな部分があるのは、自分と信頼関係を築けていて、それゆえに内面が安定しているサインです。**

女性の芸能人などを見ていても、浮き沈みの激しい業界で、自分を見失うことなく大成している人は、一見、華奢《きやしや》で大人しげに見える人でも、必ずあご先のラインがしっかりしているもの。自分を信頼しているからこそ、さまざまな「外圧」にも耐えることができるのです。

●窓口向きのレトラクテ、管理職向きのディラテ

個人的に観察した範囲ですが、各地の役所や警察を見学する中で気づいたのは、**窓口には輪郭の細いレトラクテの人が多く、その後ろに控えている管理職的な立場の人**

には、**輪郭がどっしりしたディラテが多い**ということです。

レトラクテの人は、ディラテの人に比べるとコミュニケーション欲求自体は低いのですが、その一方で、「目の前にいる一人」に対して細かい気配りができるのが長所です。ディラテの場合、おおらかに大勢の人とコミュニケーションが取れる半面、個々の対応についてはぞんざいになりがちな部分もあります。

役所に寄せられる相談には、繊細なものも少なくありませんから、窓口にレトラクテの人が多いのも頷けます。クレームなどの厄介《やっかい》な案件については、おおらかなディラテが上司として対応に出てくるという構図になっていて、これもまた理にかなっているのです。

教師

●子どもと接する仕事に「肉付き」は必須

まず、教師にぜひ欲しい要素として挙げたいのが、**寛容性や順応性の高さを表す「豊富な肉付き」と「キュッと張りのある肉付き」**です。

子どもというものは、とくに低年齢になるほど、良くも悪くもストレートに本音をぶつけてきます。その言葉にいちいち傷ついているようではメンタルがもちません。一方で、中高生というのもまた多感な年頃なので、どちらにしても相手に自分を受け入れさせるのは困難です。つまり、教師としては、常に自分が「受け入れる側」であることを求められるわけです。

豊富な肉付きは、感受性を覆《おお》うクッションのような役割を果たすため、この特徴を持っている人は、どんな相手でもおおらかに受け入れることができます。これは、教師にとっては大きな強みといえます。

肉付きの張りは、負の刺激に対する抵抗力の強さも表します。いじめや不登校など、学校につきものの問題が次々と発生するたびに、「どうしよう」とうろたえていたのでは、教師は務まりません。張りのある肉付きは、トラブルに立ち向かえるバイタリティーの持ち主だというサインでもあるのです。

●今求められるのは、生徒の気持ちに寄り添う教師

拡張ゾーンでいうと、鼻の周りを中心とした「感情ゾーン」が拡張していることが望ましいでしょう。教育の現場では、動画教材やデジタル教材も普及しつつあり、教師には「教え方のうまさ」よりも、「生徒の学びをサポートする」という資質がますます求められるようになっています。その点で、**感情ゾーンが拡張している人は、生徒の立場になって考えることができるのが強み**です。

一方、目から上の面積が広い、「思考ゾーン」が拡張している人は、教育に対する強い信念を持った「理想主義者」。公立中学校で「宿題廃止」や「定期テスト廃止」などの大胆な施策を断行したことで有名な工藤勇一《くどうゆういち》氏（元麴町《こうじまち》中学校校長）も、思考

ゾーン拡張型の教育者です。

このタイプの人は、教育現場の改革者として強いリーダーシップを発揮できるポテンシャルを秘めている半面、理想を追求するあまり、やや寛容性に欠ける一面もあります。とりわけ一学級担任として、生徒と接する機会が多い先生の場合は、寛容性を補うために、やはり「肉付き」が欲しいところです。

●公立と私立で教師の適性は異なる

教師の仕事は「体力勝負」と言われます。時間割によっては、何時間も続けて授業をしなくてはならないこともありますし、部活や修学旅行といった課外活動にも従事しなくてはなりません。したがって、**一般的には体力豊富な「輪郭どっしり（ディラテ）」の人が向いている**と言えるでしょう。

とりわけ公立校の教師は、異動が多いことで知られます。新しい環境に入ってもすぐに適応できるのは、ディラテの人ならではの強みです。

一方、「面長（レトラクテ）」の人の場合は、防衛本能が強く出るため、異動先の環境や新しい生徒に馴染むまでがひと苦労。その人の良さを発揮できるようになるまで、時間がかかってしまいます。

公立校の場合、必ずしも本人の希望で異動できるわけではありません。レトラクテの人は「選択欲求」が強いため、自分で選んだわけでもない環境に身を置くことは大きなストレスになります。

その点、**転勤のない私立校であれば、レトラクテの人でも安定した環境の中で自分の持ち味を出すことができる**でしょう。

また、レトラクテの人は「目に見えない相手の長所」を引き出すことに長けているので、子どもの可能性を伸ばす、すぐれた教育者として活躍できるはず。ただし、持ち前の選択欲求が裏目に出て、特定の子どもを「えこひいき」しがちなところには注意が必要です。

保育士

●ぱっちり目で、子どもの異変を見落とさない

前項の「教師」と同じく、保育士の場合も、**受け入れ力の高さを表す『豊富な肉付き』と「キュッと張りのある肉付き」**を備えた人が向いているというのが大前提です。

予測のつかない子どもたちの行動にいちいち動揺していたのでは、とても保育士は務まりません。また、保護者とのコミュニケーションも保育士の大切な仕事です。大事な子どもを預ける立場の保護者からすると、つい保育士に文句を言いたくなることもあるでしょう。そんな保護者の感情を、まとめて受け止める鷹揚《おうよう》さが求められます。

幼い子どもは、片時も目が離せない存在です。保育士は子ども一人ひとりの健康状態や行動などに、絶えず目を光らせていなくてはなりません。

何か異変が起きたときに、すばやくキャッチできるのは、「フォーカス機能のついた目」。ぱっちりと大きく、その上からまぶたが覆いかぶさっているような**「半開きの、ぽっこり重い目」**の持ち主なら、たくさんの情報を同時に取り入れながら、注意を向けるべき対象を正確に絞り込むことができます。

さらに、**目尻が下がり気味**ならベターです。目尻が下がっているのは、**目の前の物事を、分け隔《わへだ》てなくフラットに見つめる能力**の高さを表しています。

反対に、目尻が上がれば上がるほど、意志の強さが向上するがゆえに自分が見たいものだけを見て、聞きたいものだけを聞くという傾向が強くなります。このタイプの人は、全体を広い視野で理解することが苦手と言えます。

●動物的な本能で子どもを守り抜く力

幼い子どもを預かって世話をするということは、単に「見守る」という姿勢だけでは済まされないものがあります。理想的には、**何があっても子どもたちを守り抜くというような、ダイナミックな包容力**が求められます。

●包容力を表す"顔の下半分"

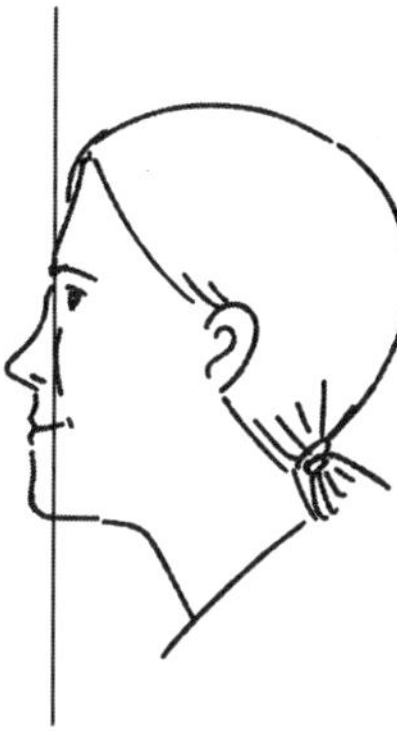

そんな包容力の高さは、横顔を見ればわかります。眉に接するように垂直のラインを引いたとき、**顔の下半分**（感情ゾーンと活動ゾーンの両方）**がラインより前に出ている**人は、動物的とでも言うべき本能の持ち主。このタイプの人にとって、自分のテリトリーの中にいる子どもたちは、全員が守るべきヒナ鳥のような存在です。なので、まさしく親鳥がヒナを包み込むように、彼らを守ろうとするのです。

また、**輪郭に対して鼻がどっしりと大きい**のは、**コミュニケーションのダイナミックさ**を表します。

目が「情報」を受け入れる窓口だとすれば、「鼻」はコミュニケーションの窓口になります。鼻筋が細いほど、窓口は狭くなるので、コミュニケーションを選んでいるということになります。

一方、鼻筋がどっしりとしている人は、どんな相手にも積極的に接することができるので、子どもを見守る立場にふさわしいと言えるでしょう。

●ディラテは「のびのび」、レトラクテは「お受験」

輪郭別に適性を見ると、子どもの「自己教育力」を重視して近年注目されているモンテッソーリ教育のように、のびのびとしたカリキュラムによって子どもの感性を育むことを方針に掲げている保育園には、輪郭どっしりタイプの「ディラテ」の先生が向いています。

というのも、ディラテの人は内向欲求の「自制」よりも外向欲求である「表現力」の豊富さが感情表現への忠実さとなるところがあり、その点で子どもと同じ目線に立つことができるからです。

一方、面長タイプの「レトラクテ」の先生には、より「学び」に重きを置いた保育園が適しています。いわゆるお受験を目指して頑張るような、子どもにもある程度の我慢を求める教育環境には、自制心に長けたレトラクテのほうがふさわしいからです。

●介護士は「忍耐力」が命

介護士は、言うまでもなく「体力勝負」の仕事です。したがって、**体力の豊富さを表す「どっしりした輪郭（ディラテ）」**の持ち主であるに越したことはありません。

また、横顔を見たときに、**感情ゾーン（鼻周り）と活動ゾーン（あご）の両方が前に出ている**こともポイント。この特徴は、動物的な本能によって行動できる人であることを表します（「保育士」の項目も参照）。

というのも、介護士の場合、高齢者や病気の方を「身体的に」サポートするのがミッションだからです。いくら共感力が高くてコミュニケーションが上手でも、行動力が伴わないことには、実際に利用者を守ることはできません。

また、人を相手にする職業の中でも、**介護士はとりわけ「忍耐力」を要求される仕事**です。身体が思うように動かせずに苛立っている利用者さんや、認知症を発症して意思疎通もままならない利用者さんに、介護士がいちいちストレスを感じて当たり散らすようなことがあれば、大問題になってしまいます。

その意味で注意が必要なのは、頬骨が張っている人です。

このタイプの人は、相手を強く思うほど感情的になりやすいのが弱点。頬骨が張っている場合は、肉付きで寛容性がプラスされていることや、口元が引き締まっていて自制心があるといった要素が重要になってくるでしょう。

●体力がない人はどうすればいい？

強靭な忍耐力を支えるのは、やはりタフで細かいことを気にしない「輪郭どっしりタイプ」ということになります。ただ、**細面のレトラクテであっても輪郭に対して口が小さい人**なら、エネルギーを調節しながら使うことができるので、体力が乏しいなりに忍耐強く、持続力もあると言えるでしょう。

とはいえ、やはり介護の現場は過酷なので、輪郭が細い人にはお勧《すす》めしにくい部分があります。輪郭が細い人は、あらゆる局面で防衛的な態度になりがちなので、利用者さんの言動に敏感に反応しすぎる傾向があるからです。そのため、感受性を守る覆《おお》い、肉付きの豊富さが重要となります。

どんな仕事でも、「自分の体力と相談しながらやる」のが、健やかに働きつづけるための大原則。介護の仕事も例外ではありません。

ひとことで介護と言っても、現場の介護士以外の仕事はたくさんあります。人のお世話をするのが好きで、誰かの役に立ちたいと思ったときに、「でも、自分はどちらかといえば体力が足りないほうだな」と自覚したなら、間接的な形で介護に関わるという選択があってもいいのではないでしょうか。

利用者と介護士のつなぎ役であるケアマネジャーの資格を取る、あるいは企業で見守りシステムの開発に携わるなど、ぜひ幅広い視点で自分に合った可能性を模索していただきたいと思います。

職 人(ものづくり)

●モノとのコミュニケーションが得意な「活動ゾーン拡張」

食品から伝統工芸品まで、大量生産ではないものづくりにこだわるのが「職人」の世界です。職人というと、線の細い神経質そうな顔立ちをイメージするかもしれませんが、じつは、**あご周りがしっかりした「活動ゾーン拡張型」の人**が向いています。

正面から見ると「台形」に感じられるくらい、あご周りがしっかりしている人は、頭で考えていることを「形にする力」が高く、器用な人が多いのです。

活動ゾーンが拡張している人は、**「モノ」とのコミュニケーションが得意**です。熟練のパン職人は、触っただけで生地の状態がわかるといいますし、「鉄板と会話ができる」と語る板金《ばんきん》職人もいます。

そのときどきで変化するモノの状態を繊細にキャッチしながら、最高の状態に仕上げていくのが職人の仕事。そのために必要な、研《と》ぎ澄《す》まされた感覚とは、やはり「頭(思考)」ではなく、実際に手を動かす「活動」の領域から生まれるものなのです。

職人の仕事は多岐にわたるため、ディラテ（どっしり）とレトラクテ（面長）のいずれの輪郭の持ち主でも、それぞれの持ち味を活かすことはできるでしょう。経験を重んじるディラテは、伝統工芸を後世に引き継ぐのにふさわしい資質を持っていますし、創造性に長けたレトラクテは、ものづくりにイノベーションをもたらすことができるでしょう。

ただ、いずれにせよ、**形あるモノを生み出す職業の人にとって、「あご周りがしっかりしていること」は必須条件**といえます。

想像力が命というべき画家でさえ、思考ゾーンだけがしっかりしていて、活動ゾーンは貧弱だというような人はまずいません。サルヴァドール・ダリのように、「顔が細長い」という印象を持たれがちな画家も、写真を見れば、非常にしっかりしたあごの持ち主であることがわかります。

●目の細さが「研ぎ澄まされた感覚」をもたらす

もうひとつ、職人に欲しい要素は「目の細さ」です。

目の細さが表すのは、「選択への欲求」と「理想主義」。文字どおり、篩《ふるい》の「目」の細かさを意味しており、これがないと選択が「ザル」になってしまいます。素材を選んだり、器具を選んだり、職人の仕事とは細かな選択の積み重ね。職人の名に恥じないクオリティを実現するには、あらゆるものを選び抜くという欲求が不可欠なのです。

この、選択の細かさは「感受性の鋭敏さ」とも比例します。五感から入ってくる情報にただ反応するだけでなく、しっかりと情報を選び取ることにより、職人ならではの研ぎ澄まされた感覚が得られるのです。

欲を言えば、「完璧主義」であることを表す「唇の薄さ」と、「自制心」の強さを示す「唇の引き締まり」も欲しいところ。唇の開きがゆるい人は、早々に「こんなものでいいか」と作業に見切りをつける傾向があるからです。

●「世話焼き精神」で技術を次代に継承する

伝統工芸などの分野では、後継者不足が原因で存続が危《あや》ぶまれている業界も少なくありません。技術を未来に継承するという意味では、**「後輩の面倒見」**などもひとつのポイントになるだろうと思います。

そうなると重要になってくるのが、**鼻の周りを中心とした「感情ゾーン」の拡張**。すなわち「世話焼き」のサインです。また、この部分の肉付きがよく、寛容性の高さを示していることも大切です。

今の時代、「見て覚えろ」という姿勢だけでは、なかなか若い人に伝わりません。まして、未熟な職人に罵声を浴びせたりするような、昔ながらのシゴキは社会が許さないでしょう。したがって、「教える」という作業にはコミュニケーション能力が不可欠といえます。

製造技術

●「急なトラブル」に対処するスキルは必須

同じ「ものづくり」でも、工場での製造に携《たずさ》わる仕事であれば、求められるものが職人とは少々変わってきます。

手仕事が得意（**あご周りがしっかりした「活動ゾーン」拡張型**）という、製造業の基本スペックはぜひ欲しいところですが、これに加えて、工場作業員には**「機転」**も求められます。

工場では、設備の不具合や急な故障といったトラブルが突発的に起こるもの。問題の所在を突き止め、適切な対策を打つためには、**論理的思考力の高さを示す「額の三分割」**（52ページ参照）が欠かせません。

なお、トラブル対応に強い人の特徴については、前章の「危機管理担当」の項目もご参照ください。

　また、工場作業の多くはルーティンなので、変化を求める性質の持ち主よりは、安定を好む性質の持ち主の方が向いているでしょう。その観点からすると、横顔から見たときに**耳がまっすぐ（垂直）についている**ことがポイントになります。耳が傾いているのはアクセル（前進）、まっすぐなのはブレーキ（停止）を意味するからです。

●「チーム」向きのディラテ、「持ち場」重視のレトラクテ

　輪郭の特性を活かすのであれば、コミュニケーションを得意とするディラテ（どっしり型）の人には、グループでの流れ作業や、「チーム」としての作業をメインで行なう現場が向いています。なおかつ、出来高によって金銭的なフォローアップがある職場なら、現世利益を重んじるディラテの人も、高いモチベーションを保つことができるでしょう。

　一方、レトラクテ（面長）の人が向いているのは、自分の持ち場が明確に決まっている現場です。検品作業などの緻密な仕事もお手の物。レトラクテの人にとっては、金銭ばかりでなく「自分の理想が満たされる」ことが大きなモチベーション源になる

ため、個人評価の仕組みがしっかりできていて、「自分はこれだけスキルアップできた」と実感できる職場であることが重要になります。

●厳密な仕事には「自制心」が欠かせない

もうひとつ、これは採用側の視点になるのですが、**自制心を表す「口の引き締まり」**も重要なポイントと思われます。工場では、衛生管理や品質管理など、さまざまな面で厳密な仕事ぶりが要求されます。ここのタガが外れると、不正（品質不正や横流しなど）という「暴走」を招きかねません。

近年では海外からの労働者も増えていますが、国によってはまったくカルチャーが違い、「工場のものは自分のもの」という考え方をする人もいるかもしれません。すると、とくに悪気なく工場の備品を持ち帰ったりすることも起こりえるでしょう。

カルチャーギャップというのはなかなか埋めるのが難しいものですが、この場合も強い自制心の持ち主であれば、「ともあれ、この国のルールにしたがっておこう」という意識が働きます。

ドライバー

●ディラテは「体力」、レトラクテは「専門性」で勝負

ドライバーの代表的な職種のひとつが、大型トラックの運転手。大量の荷物を積んで、日夜を問わず長距離を移動しなくてはならないうえ、荷物の積み下ろしなどの重労働もともないます。したがって、**体力が豊富な「輪郭どっしり型（ディラテ）」**の人のほうが向いています。

とはいえ、体力に乏しい「**面長（レトラクテ）」でも、輪郭に対して口が小さい**人なら、エネルギーを調節しながら使うことができるので対応は可能でしょう。また、同じドライバーでも、クレーン運転士のように、直接的な肉体労働が少ない代わりに、専門的な技術や精神力を必要とする仕事はレトラクテ向きといえます。

●ドライバーは「メンタルの安定」がポイント

トラック運転手、長距離バス運転手など、多くのドライバーにとって、じつは重要

なのが**「感情が安定していること」**。長い荷待ち時間や信号待ち、交通渋滞など、勤務中についイライラしてしまうような出来事も多い中、安定した感情の持ち主でなければ、すぐストレスを溜め込んでしまうでしょう。

その意味で、注意したいのは「頬骨が張っている人」。このタイプの人は衝動性が強く、イライラしたときに感情が先走りがちになります。とくに、頬骨が張っていて、なおかつ肉付きの薄い人は、ストレスに対する緩衝材がないため、気分によって些細なことでカッとしがち。最近、社会問題になっている「あおり運転」に走るようなことにもなりかねません。

一方、頬骨が張っていても、顔の肉付きがいい人なら、肉がクッションになって衝動性を和らげてくれます。

また、**安全運転をキープする「集中力」**もトラック運転手に欠かせない資質です。とくに長距離ドライバーや決まった道を運転するルート配送では、景色が変わらないため途中でぼんやりしてしまうことがありますが、ふとした気の緩《ゆる》みは大事故につながりかねません。

集中力については「目元」がポイントになります。**「目と目の間隔が狭い**（**両目が寄り気味**）**」**、もしくは**「目と眉の間隔が狭い」**のは、目の前のことにグッと集中できる能力の高さを表しています。

●タクシーの運転手は「孤独に強い」ことが重要

もうひとつのドライバーの代表的な職種といえば、タクシーの運転手です。

こちらも、体力があるに越したことはないのですが、乗務中は自分だけで過ごす時間が非常に長いことを考えると、「孤独に強い」というのが、より重要なポイントになります。となれば、面長タイプのレトラクテの人が向いているということになります。

一方、どっしりタイプのディラテの人には、よりコミュニケーションが中心となる仕事が向いているため、同じタクシーでも、各地の名所を観光客に案内する「観光タクシー」のドライバーなどが適任です。

最近では、ナビを使うドライバーも多いとはいえ、交通状況に応じてどの道を行けばいいのかを臨機応変に判断したりするには、**「段取り力」**も欠かせません。

基本的な要素として、**論理的思考力の高さを表す「額の三分割」**は、ぜひ欲しいところ。とくに、眉のすぐ上がはっきりと盛り上がっている人は、観察力に優れるため、交通状況を的確に把握するのに長けています。

これに加えて、髪のはえぎわがまっすぐで、こめかみに向かって末広がりになっている「台形」の額の持ち主なら、「こっちの道がだめならあっちへいこう」といった具合に、ルートを自在に展開することができます。

●拡張ゾーンによって「接客スタイル」が変わる

タクシー運転手はサービス業なので、「気配り上手」で「コミュニケーション力が高い」人が向いているように思うかもしれません。

それもあながち間違いではないのですが、タクシー運転手の場合、共感力の高さを示す「感情ゾーン」の拡張（鼻周りの面積が広い）が、一概にいいとは言えないところもあります。

感情ゾーンが拡張している人は、人の気持ちがわかる半面、「自分（の事情）を理解してほしい」という気持ちも同じくらい強く持っています。

すると、たとえば自分の経験が浅くて道があまりわからないときなどに、一生懸命に道を覚えようとする代わりに、「初心者なので道がわかりません」という、かわいそうな自分に共感を求めることで、逃げようとするところがあります。コミュニケーション力が高いからこそ、自分の置かれた状況への共感で、客の期待値を下げようという予防策に走るわけです。

これが、目から上の「思考ゾーン」が拡張している人になると、プライドが高いため、なかなか「初心者なので道がわかりません」とは言えなくなります。

これはこれで問題です。先に述べたような「段取り力」や「展開力」の持ち主であれば、ナビなどを活用しつつ、そつなく目的地を目指すことができるでしょう。しかし、そうでない場合は、客に弱みを握られまいと虚勢を張った結果、かえって遠回りをするようなことにもなりかねません。

どちらがよりマシかは、お客さんの性格によって異なるでしょう。ただ、自分が客の立場になったときに、上記の傾向を知っていれば、「このドライバーには丁寧に道順を説明したほうがよさそうだ」といった対策が取れるはず。相貌心理学のトレーニングとして、ぜひお試しください。

フリーランス（個人事業主）

●輪郭が細いほうが「一匹狼」向き

近年、働き方が多様化する中で、「会社員か、フリーランスか」というテーマが、ちょっとした論争になっています。フリーランスの場合、勤務時間や人間関係を自分でコントロールできるというメリットがある半面、仕事や収入が安定しないというデメリットもあり、誰にでも向いているというわけではありません。

ひとことでフリーランスといっても、その中にはさまざまな職業が含まれます。ここでは、大前提として**「会社組織に属さずに働く」**のに向いている人について見ていくことにしましょう。

まず、輪郭から見ていくと、**「面長タイプ（レトラクテ）」のほうが、一般的にはフリーランス向き**と言えます。輪郭が細い人は自分の考えを強く持っているため、「一人でやっていく」ということに対して腹をくくっており、**孤独にも耐えられる**からです。したがって、自宅でのデスクワークがメインになるフリーランスのライターやデザイナー、エンジニアなどは、とくにレトラクテ向きと言えます。

一方、飲食店などを経営するということになれば、体力勝負になってくるため「どっしりタイプ（ディラテ）」のほうが向いています。また、フリーランスのPRなど「人とのコミュニケーション」が肝《きも》になる仕事でも、ディラテの持ち味が発揮されるでしょう。とはいえ、トータルで見ると、輪郭がどっしりしている人は寂しがり屋なぶん、個人で活動することにストレスを抱えやすいのが難点です。

●フリーランスの成功には「行動力」が必要

フリーランスとして成功するには「フットワークの軽さ」がなくては始まりません。

これを示しているのが、**あごのエラの部分のラインが（横から見て）くっきりと出ていること**。一見、ぽっちゃりした顔でも、ここのラインが出ている人はくっきり出ています。

あごのラインは地に足をつけて踏ん張る力の強さを表しており、ひいては足を使って実際に動ける「アクティブさ」のサインでもあります。

もうひとつ、あごを見るポイントとして注目したいのが、横から見たときに、**あご先が前方に突出しているか**。

横顔で、眉に接するように垂直のラインを引いたとき、あごの先がそのラインより前に出ていれば、**自分の計画を自分の力で前に進める**力があることを示します。逆に、あご先がこのラインより後ろに引っ込んでいる場合、計画の実現には社会的な後ろ盾《だて》や、パートナーの存在が必要となります。

また、個人が企業や組織をクライアントにして仕事をする場合は、ある程度の「**我**《が》**の強さ**」も必要でしょう。

その目安になるのが、正面から見たときのあご先のラインです。**部分的に平らになった、安定感のあるあご先のラインは**、自分との信頼関係ができていることを表します。

このタイプの人は、一時的な先行きへの不安から条件の悪い仕事を引き受けてしまって疲弊するようなことがありません。

さらに、「**鼻筋が傾斜している**（横から見たときに鼻先が前に出ている）」人なら、自分の意見を強く出すことができるので、交渉事にも長けています。

鼻筋の傾斜は「勢い」を示すサインでもあり、自分の考えを率直に相手に伝えることができます。

反対に、鼻筋が垂《た》れている（横から見たときに鼻先が丸まっている）人は、負ける可能性のある勝負は絶対にしないタイプなので、リスクが格段に大きいフリーランスより、安定している会社員向きと言えるかもしれません。

●カリスマ起業家の条件は「勢いとブレーキ」のバランス

近年、ウーバーやエアビーアンドビーをはじめ、数多くの「ユニコーン企業（評価額が10億ドル＝約1000億円を超える未上場のスタートアップ企業）」が登場しています。日本でも、10代の若さで起業する人が注目を集めたりしています。

ソフトバンクの孫正義《そんまさよし》氏から、メタ（旧フェイスブック）のマーク・ザッカーバーグCEOまで、カリスマ起業家として成功している人々の顔を観察すると、**最大のポイントは「勢いとブレーキ」のバランス**にあることがわかります。

たとえば「額」であれば、思考の速さを示す「額の傾斜（まっすぐに立ち上がっておらず、角度がついていること）」と、論理的思考力を示す「額の三分割」を兼ね備えていること。

あるいは「鼻」であれば、鼻筋は前方に突出しているけれども、鼻の付け根は「く

●「攻め」と「守り」を表す鼻の付け根

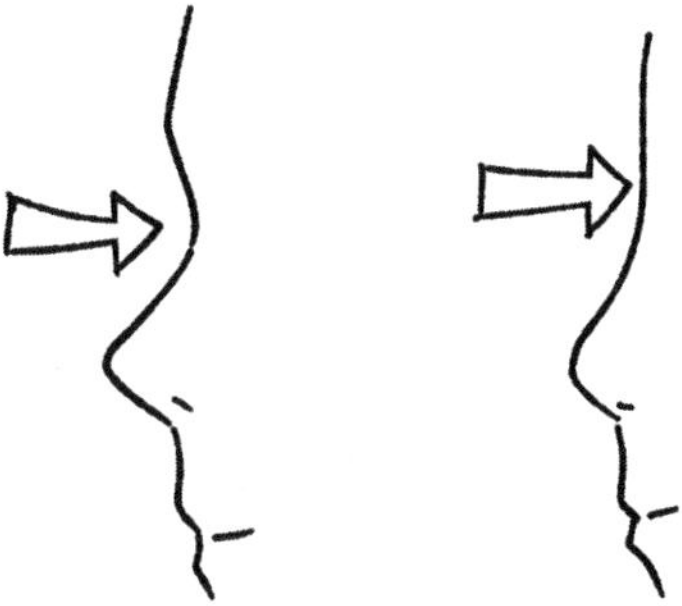

の字」に引っ込んでいること。**鼻筋が突出しているのは「勢い」**を表していますが、**付け根の引っ込みは「批判精神」**を表します。

この「突出する勢い」と「引く姿勢」のバランスが、起業家にとっては非常に重要です。どちらも、素質的には多くの人に見られるものですが、両方を同じバランスで持っている人はなかなかいません。ほとんどの人は「勢いが強いタイプ」か「ブレーキが強いタイプ」のどちらかに分かれます。

しかし、勢いだけでは乗り越えられない

ハードルというものは存在しますし、逆にブレーキだけが強くても、慎重になりすぎて成長できないという弊害が生じます。

トップのトップになれるような起業家の場合、自分の「野心」さえもコントロールすることができます。

起業家にとって、野心は不可欠です。なんらかの野心がなければ、そもそも起業しようとは思わないでしょうし、立ち上げた事業を成長させることもできません。とはいえ、過ぎた野心は暴走をも生みかねませんから、そこはしっかり「自制」をする必要があります。

カリスマ起業家の多くは、野心の大きさを表す「前に出たあご」に特徴がある一方で、自制心の強さを示す「固く引き締まった唇」の持ち主でもあります。

個人事業主や、小さな企業のトップであれば、勢いだけでもやっていけるでしょう。しかし、そこからさらに事業を拡大していけるかどうかは、「勢いとブレーキ」のバランスにかかっていると言えます。

●現実路線のディラテテ、イノベーターのレトラクテ

同じ起業家でも、輪郭どっしりのディラテテと、面長のレトラクテでは、やや方向性が異なってきます。

社会を一変させるような「イノベーション」をもたらす起業家ということなら、アップルの創業者であるスティーブ・ジョブズ氏や、前出のマーク・ザッカーバーグ氏を筆頭に、レトラクテが主流といえます。

一方、ディラテテの場合は、より「現実社会」と地続きになったビジネスを興《おこ》すのが得意です。近年注目されている「社会起業家」は、貧困国に新たな雇用を創出するなど、世界が抱える社会問題の解決を目指したビジネスを展開していますが、こちらはまさにディラテテが得意とする領域です。

面白いのが、電気自動車メーカー「テスラ」のCEOであるイーロン・マスク氏。一般的には「イノベーター」として知られており、事実、若いころは典型的なレトラクテでしたが、年齢を重ねるほどにディラテテへと輪郭が変わっています。

マスク氏の場合、実現できない理想は描かないタイプ。地球の温暖化を食い止めるためにＥＶ（電気自動車）を普及させるという目標を掲げつつ、初期は新しもの好きの富裕層やセレブを狙った高級車をリリースして、その利益をより手ごろなＥＶの開発費に投資するという路線を取っています。また、人類の火星移住を目指して立ち上げた宇宙事業の「スペースＸ」でも、ロケットの開発費を大幅に削減することでシェアを獲得しました。決して「絵に描いた餅」では済まさない現実志向が、彼の輪郭に見て取れると言えるでしょう。

●「保守的」なジョブズ氏が成功できた理由

相貌心理学では、顔を個々のパーツではなく全体のバランスで診断しますが、起業家についてはとりわけ、個々のパーツだけでは見えてこない点も多々あります。

たとえば、人事や個人経営者の項目では、「横から見て垂れ下がった鼻先」は、保守的で冒険できない人の特徴として紹介しました。しかし、かのスティーブ・ジョブズ氏のように正面から見ても鼻先が矢印のように下に向いて垂れ下がっているのであれば、それは「否定の鼻」となります。

ジョブズ氏の場合、額の高さに彼の理想の高さがはっきりと表れています。そこに、この「否定の鼻」が加わると、「周りのあらゆる選択肢に厳しくダメ出しをすることで、その先の可能性をさらに想像し、完璧な世界観や価値観をつくり上げる」という姿勢となって表れます。いわば「否定から入るイノベーション」に、ジョブズ氏のスタイルがあるわけです。

ZOZOの創業者である前澤友作《まえざわゆうさく》氏の場合、横顔を観察してみると、びっくりするほど「平ら」な印象です。額はまっすぐですし、鼻から下のラインもまっすぐ。出たり引っ込んだりしているところがないのです。

これまでにも解説してきたように、まっすぐは「ブレーキ」、傾斜は「アクセル」のサイン。これほど横顔が平らなのは、「とことん石橋を叩いて渡る」性格の持ち主であることを意味します。1億円のお年玉をSNSのフォロワーに配ったり、月旅行を計画したりといった、破天荒な前澤氏のイメージとは矛盾するように感じられるかもしれません。

このタイプの人は、何事も「測る」のが人生の基本方針です。自分の価値、相手の価値、仕事の価値——そのすべてを、自分独自の物差しで厳密に測っています。

したがって、一見、突飛に感じられる前澤氏の行動も、その裏には綿密な計算があります。なんなら「失敗」や「炎上」さえも織り込み済みでしょう。ただの思いつきによる破天荒ではないところに、成功した起業家ならではの非凡さがあると言えます。

研究者

●天才アインシュタインに見る、研究者の資質

日本は研究者に冷たい国だと言われますが、コロナ禍では改めて学術研究の重要性が浮き彫りになりました。そうしたなか、使命感も新たに研究者を目指す人々も増えたのではないでしょうか。

研究者の資質を備えた顔というものを考えるとき、参考になるのは、かの天才アインシュタインです。

アインシュタインの顔で、まず注目すべきは額です。**正面から見て額のラインが丸みを帯びていて、なおかつ目がくりっとしている人**は、大量の情報を外から取り入れたうえで蓄積しておける、**すばらしい記憶力の持ち主**なのです。

そのうえで、ロジカルな思考を担う「額の三分割」があれば、記憶していた情報を必要に応じて取り出す力に長けているということになります。一方、額がつるっとし

● アインシュタインに見る"研究者顔"

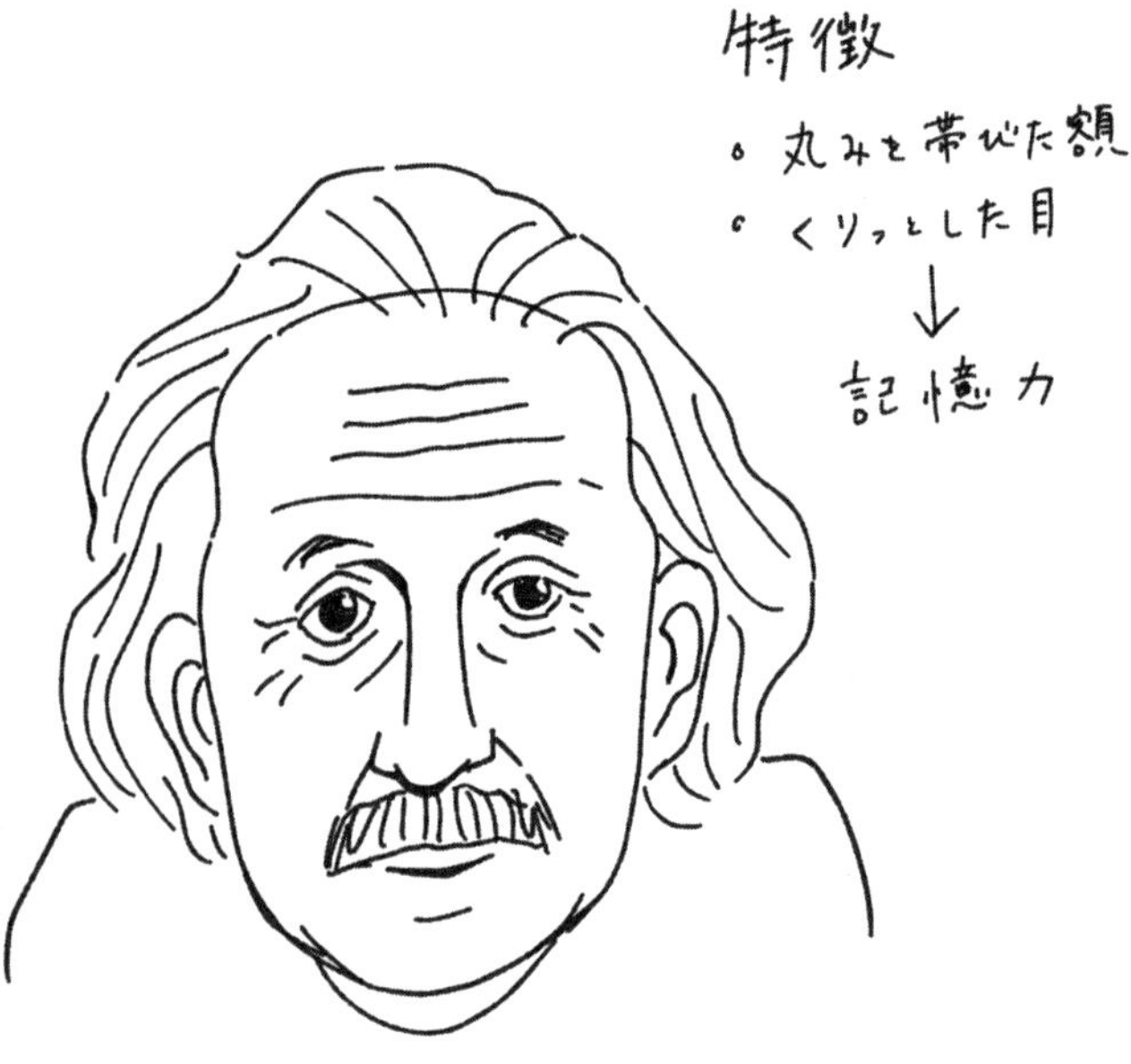

ている場合は、ただ頭に入ってくるものを順番に覚えているだけで、思考の材料として使いこなすことはできません。

アインシュタインの場合、くりっとした目を持ちつつ、その目が奥まっていることもポイントです。これは、ただ闇雲に情報を取り入れるのではなく、一歩引いて情報を取捨できることを意味します。

●一流の研究者に「批判精神」は欠かせない

研究者にとっては**自分自身の研究に常に疑問を持つこと**も大切といわれます。

それを見るポイントが「鼻の付け根」。横から見たとき、**鼻の付け根が「くの字」に引っ込んでいるのは「批判精神」の表れ**です。

一般的にこの表出があった場合、「何事に対してもひとこと物申してくる面倒な人」ということになりがちですが、研究者にとっては、自問自答をしながら研究のクオリティを高めていくという意味で、欠かせない資質と言えます。

研究とは、一朝一夕で成果の出るものではありません。ですから、何年かかろうとも投げ出さずに、**「絶対にこの研究を成功させてみせる」という野心**が必要です。

そんな強い野心を支えるのは、**しっかりとしたあご先**になります。あご先の安定感は、自分自身との信頼関係を表しており、ちょっとやそっとの逆境にはくじけない忍耐力のサインでもあるのです。

なお、アインシュタインも含め、**研究者の多くは面長の輪郭の持ち主**（レトラクテ）です。レトラクテの人は、確固たる価値観や独自の考えを持っているのが特徴で、それが**研究に対する強い使命感**につながっているのでしょう。前人未踏の研究に挑み、「先駆者」として後世に名を残すことが多いのもこのタイプです。

一方、輪郭がどっしりしたディラテの場合は、先人の研究を発展させて新たな成果をもたらすことに長けています。また、チームワークが求められる共同研究に向いているのもディラテです。

●「先入観」と「感情」に惑わされない

普段のカウンセリングでは、相談者の方から「自分に向く職業は何でしょうか?」とよく聞かれます。そして、その方の顔を分析して独立を提案すると、「自分に向いているとは思わなかった」「起業できる能力があると思っていなかった」という反応をされることが多いです。

先述した起業家(個人事業主)に必要な条件が表出していれば、組織のなかで上司や複数の人と協働するよりも、自分の世界観や考えをもとに単独で仕事をしたほうが向いています。

耳に傾斜のある勢いが強いタイプの人が、数年におよぶイベントのプロジェクトに加わると途中で飽きてしまい、自分自身を見失ってしまうこともあります。勢いが強いのであれば、同じイベントでも季節ごとの企画展や短期間で変化の起きやすい職場環境のほうが才能を活かせます。

しかし、勢いが強い表出があるにもかかわらず、長期のプロジェクトにかかわっていたり、変化の少ない環境にいる人が多いのも残念ながら事実です。

そして、こうした方は、仕事の内容よりも、「職場の人間関係が良いから」「職場の雰囲気が良い」といった感情を優先させているケースが多いです。そのため、仕事で満足感や充足感を得られず、フラストレーションを抱えていたりするのです。

想像力が豊かな方の場合も、その想像力が諸刃の刃となってしまい、やったことがない仕事に対して駄目だと決めつけてしまうことがあります。

感情や先入観での職業選択は、知らずしらずのうちに適性を適正から遠ざける原因となってしまいます。そして、自分では理由のわからないフラストレーションを溜め込むことにもつながってしまうので、適職を考える際には注意していただきたいです。

最近の若者には「空想家」が多い？

最近の若い世代を見ていると、幼い頃からゾーンの分化が始まっているケースが多く見られます。

本来子どもの顔とは、成人のように「思考」「感情」「活動」の各ゾーンにはっきりと分かれてはいないものです。それがきれいに分化しているということは、相貌心理学の観点からすると「早熟である」という理解になります。言うなれば「小さい大人」が増えているのです。

それ自体が問題だというわけではありませんが、気になるのは**思考ゾーンが立派なのに対して、活動ゾーンが貧弱な若い人が多い**ことです。

活動ゾーン、すなわち、あご周りがしっかりしているということは「頭の中に思い描いたものを実現させる力」があることを示します。**ここが貧弱だと、頭の中で空想するだけで満足してしまい、それを実現させることに関心がない**、ということになります。

このタイプの人は、「実現力」を養うトレーニングを意識して行なったほうがいいでしょう。

おすすめなのは、**実際に手を動かす趣味をもつこと**です。料理でも、陶芸でも何でもいいのですが、見えない世界を見える世界へと持っていく経験を積み重ねることで、「頭に思い描いたことは実現できる」という理解を深めることができます。

こうした訓練は、幼いころから積み重ねておくに越したことはありません。

小さいお子さんをお持ちの方におすすめなのは、動物を飼うことです。

なぜなら、動物を世話するという役割の遂行や、自分の行為に対する動物の反応が、自分の考えを実現することの面白さや承認欲求を満たしてくれます。それによって、実現力を育んでくれるからです。

第4章

信頼できる専門家の見抜き方

医師

●命に対する責任感は「目元」に表れる

この章では、読者が普段、クライアントや雇い主として接する機会が多い職業について、自分との相性を見極めるポイントを解説していきます。

日常の中でお世話になることが多い仕事といえば、まずはドクターでしょう。医師全般に求められる資質として何よりも欠かせないのは、**命に対する「責任感」**でしょう。相貌心理学では、責任感とは「集中力」と同義であると考えます。責任感のある人物とは、しっかりと目の前のことを見ているものだからです。

となれば、責任感を表すのは目であるということになります。具体的には、**眉と目の距離が近いこと**。何かを集中して見ているときに、眉がキュッと目に寄るように、眉と目の距離の近さは集中力の高さを示しています。

日進月歩の医学の世界では、**新しい知識を積極的に吸収しようとする姿勢**も求められます。これを表すポイントも目の周りにあります。

ぱっちりと開いた目は、好奇心が旺盛なサイン。**目と目の間隔が「眼球1個分」以上離れている**場合は、好奇心旺盛かつ幅広い情報を選び取りたい欲求が高いことを意味します。ここに、モチベーションの高さを表す**「張りのある肉付き」**が加われば、まさに医師に求められる「向上心」を体現していると言えます。

肉付きのよさは、あらゆる職業で大きなアドバンテージになりますが、医師もまた例外ではありません。

肉付きのいい人は寛容性と柔軟性が高いため、チーム医療に欠かせないリーダーシップやコミュニケーション力を発揮することができます。また、肉付きに張りがあれば、トラブルに対する抵抗力も高く、ストレスの多い仕事を乗り切ることのできるメンタルの持ち主ということになります。

以上のファクターがそろっていれば、まずは医師として「当たり」と言えるでしょう。

●かかりつけ医の「直感力」は、額をチェック

そのうえで、普段からお世話になる「一般内科医（かかりつけ医）」の場合、もうひとつ重要なスキルがあります。それは「直感力」です。

かかりつけ医に求められるのは、**患者の異変を的確に察知すること**です。大きな問題が見つかれば、そこから先の治療は専門医の仕事になりますから、まずは何よりも「異変を見落とさないこと」が最重要ミッションということになります。

しかし、医療の素人《しろうと》である患者さんからは、問診だけでは十分な情報が引き出せないこともままあります。人気海外ドラマ『ドクター・ハウス』に「患者は嘘をつく」という名言がありますが、さまざまな理由から、医師に本当のことを申告したがらない患者は少なくありません。だからこそ、**患者の些細《ささい》な言動から「何かがおかしい」という違和感を察知する**力が必要なのです。

そんな「直感力」を表しているのが、横から見たときの額の形状です。額がなだらかに傾斜していて、なおかつ**額の最上部が「弧」を描いたように丸くなっている**のがポイント。額の最上部は「発想力」を担う部分であり、ここがしっかりしている人は、観察によって得たバラバラな情報を、１本の線につなげて「直感」を導きだす力に長けています。

また、問診に頼らずに洞察を得ることが欠かせないとはいえ、やはり患者さんと良好なコミュニケーションを築けなければ、十分な情報を得ることはできません。したがって、**外向欲求の高さを示す「輪郭どっしり（ディラテ）」**や、**共感力の高さを示す「感情ゾーン拡張型」**なども、かかりつけ医にとっては重要なポイントといえます。

●歯科医の実力は「マスクに隠れた部分」に潜む

かかりつけ医のなかで、より技術面でのスキルが求められるのが歯科医です。

歯科医にとって、コミュニケーション力はそれほど重要ではありません。必要なのは、**手先の器用さと集中力**です。

器用さのポイントは、あご周りの活動ゾーンがしっかりしていること。さらに、眉と目の距離がギュッと近い人であれば、高い集中力も兼ね備えています。

治療中はマスクをしているため、なかなか歯科医の顔の下半分にまで注目することは少ないかもしれませんが、ぜひホームページなどで担当医師の写真をチェックしてみてください。

また、歯科医に限らず、眼科医や皮膚科医など、より専門的な知識を要するドクターほど、**選択欲求の強い「面長タイプ（レトラクテ）」のほうが向いている**と言えます。

● 医師と歯科医で適した顔が違う

医師免許と
神の手を持っています

信頼できるドクター

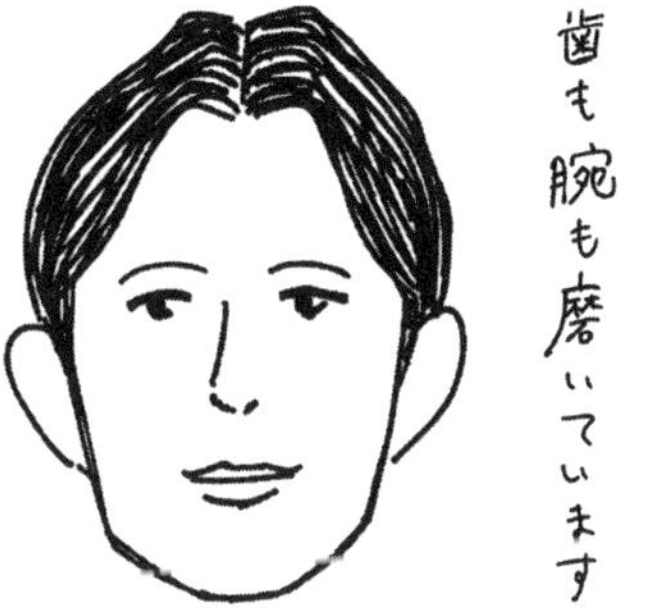
歯も腕も磨いています

理想の歯科医

カウンセラー

●カウンセラーにとって「共感力」は諸刃の剣

欧米では、仕事や人間関係の悩みをカウンセラーに相談するカルチャーが以前からありました。近年、その流れは日本にも到来しており、年々、カウンセラーの需要は増えつつあります。

カウンセラーにとって、人間という存在に関心があり、人の話を聞くのが上手であることが必須条件なのは言うまでもありません。

とはいえ、共感力の強い「感情ゾーン（鼻周り）拡張」の人がカウンセラーに向いているかと言うと、そうとは言えないのが難しいところです。

というのも、感情ゾーンが拡張している人は、相手に共感しすぎてしまい、感情の距離感が取れなくなってしまうことがあるからです。また、相手に対しても共感を求めてしまい、自分の意見を押し付けがちになるのも問題です。

私が見てきた限りでも、**カウンセラーとして活躍されている方には、思考ゾーンが拡張している人のほうが多数**です。

そのうえで、好奇心の旺盛さを示す、ぱっちり開いた目、もしくは目と目の間隔が離れていれば、他人に関心を持っていることを意味し、さらに肉付きが豊かであれば、包容力があって相手の話を聞くのが得意なカウンセラーということになります。

ただし、目尻が下がりすぎている人は、聞いた話をなんでも受け入れてしまい、相手に流されがちなところがあるため、助言を与える立場にはあまり向いていません。

●「眉のすぐ上」に、洞察力の高さが表れる

また、カウンセラーにも医師と同じく、相談者の些細な言動から異変を見抜く「直感力」の高さが求められます。

ポイントは、額がなだらかに傾斜していて、なおかつ額の最上部が「弧」を描いたように丸くなっていること（「医師」の項目も参照）。

これに加えて、カウンセラーの場合は医師にも増して「洞察力（観察力）」が重要になってきます。体温や心音といった生体情報を手がかりにできる医師と違って、カウンセラーは相談者とのコミュニケーションが情報源のすべてだからです。

洞察力の高さを示すのは、「額の三分割」の一番下、つまり「眉のすぐ上」の部分がしっかり出ていることです。ここがボコッとしているカウンセラーほど、精度の高い直感へとつなげていくことが可能です。

●頼りがいのあるカウンセラーは「あご先のライン」に特徴あり

カウンセラーとして助言を行なうからには、「自分自身との信頼関係を結んでいること」も重要なポイントと言えるでしょう。カウンセラー本人の気持ちが不安定なまま、相談者が抱える問題を解決できるわけもありません。

カウンセラーに相談していて「なんだかこの人の言うことは頼りないな」「説得力がないな」と思ったら、あご先のラインを観察してみましょう。**ほっそりとして平らな部分がない場合は要注意。**自分との信頼関係を築けている人なら、あご先のラインがしっかりと安定しているはずです。

輪郭の違いでいえば、どっしりタイプのディラテは「広く浅い」コミュニケーションを得意とします。したがって、企業の健康管理を担当する産業医や、講演やグループセッションを中心とした、大勢の人を相手にする仕事が向いています。

一方、面長のレトラクテは、「一人ととことん付き合う」コミュニケーションが得意なので、個人セッションを中心とするカウンセリングに向いています。

弁護士

●弁護士の「責任感」と「正義感」は分けて考える

普通に日常生活を送っていても、法的なトラブルに巻き込まれることは少なくありません。離婚トラブル、交通事故、金銭のトラブルなど、生きていればさまざまな問題に出合います。そんなときにお世話にならざるを得ないのが弁護士。その「当たり外《はず》れ」は、人生を左右すると言っても過言ではないでしょう。

弁護士にまず求めたいのは、クライアントにとって最善の結果を求めて職務を遂行する「**責任感**」です。

責任感の強さを、相貌心理学的に翻訳すると、「**自分が決めたことを確実に実現する力**」ということになるでしょう。したがって、次のようなポイントが揃っていることが条件になります。

・眉と目の間隔が狭い（集中力が高い）

・肉付きに張りがある（モチベーションが高い）
・横から見たときに、あご先がしっかり突出している（実行力がある）

クライアントの力になりたいと心から思える「正義感」も、弁護士の重要な資質ではあります。その場合は、鼻を中心とする「感情ゾーン」が拡張していることがポイントです。

ただ、感情ゾーンが拡張している人は、どうしても感情的になりやすいため、ロジカルなプレゼン力が肝になる弁護士にとっては、かえって弱点になってしまう恐れがあります。

一般的には、論理的かつ冷静に物事を考えるのに長けた「思考ゾーン拡張」の人のほうが、弁護士に向いていると言えるでしょう。

なお、高名な弁護士の中には、思考ゾーンと感情ゾーンの二重拡張の人が少なくありません。とりわけ、人道支援などの分野で活躍する弁護士にとっては、感情ゾーンの拡張も重要なポイントと言えます。

また、弁護士とは絶えず大きなプレッシャーにさらされる仕事です。最善の結果を出せなければクライアントから非難されますし、最善の結果を出して相手側から恨みを買うこともあるでしょう。

そんな**プレッシャーに負けないメンタルの要となるのも、豊富で張りのある肉付き**。モチベーションの高さでストレスを跳ね返すイメージです。

●民事のディラテ、刑事のレトラクテ

輪郭の違いで言うと、どっしりタイプの「ディラテ」の人は、自分の経験値を重んじる傾向があり、これまでに解決してきた事件から得た知見を活かすことに長けています。その半面、まったく未知の状況や、自分の日常の枠から外れた状況に対しては、想像力が働きにくいところがあります。

したがって、**離婚訴訟や金銭トラブルなど、すでに多くの判例が積み上がった、現実的な人間関係の問題を扱う民事訴訟**を手掛けるのが向いているでしょう。

一方、面長タイプのレトラクテは、日常を逸脱した事件に対しても想像力を働かせるのが得意です。したがって、**大規模な組織犯罪や、新手のサイバー犯罪など、特殊な案件を扱う刑事訴訟**を手掛けるのに向いています。

建築家

●実用派のディラテ、個性派のレトラクテ

憧れの注文住宅を建築家に依頼する場合、「実用性重視」か「個性重視」かで、選ぶべき建築家のタイプは変わってきます。

その前に、**すぐれた建築家の大前提は「ものづくり」が得意であること。**したがって、あご周りがしっかりした「活動ゾーン拡張型」であることは、欠かせない条件と言えるでしょう。

そのうえで、**実用性を重視するなら「輪郭どっしり型（ディラテ）」**の建築家を選びましょう。コミュニケーション志向の高いディラテの人は、個性や世界観よりも、機能や住み心地の良さを追求するタイプ。「親と同居でもストレスにならない二世帯住宅を建ててほしい」といった、クライアントのニーズに的確に応えてくれますし、細かいリクエストにもいやな顔をしません。

一方、**個性を重視するなら、独自の世界観を持っている「面長（レトラクテ）」**の建築家を選びましょう。ただ、このタイプの建築家には、クライアントよりも自分の理想を実現したい人が多く、あまりたくさん注文をつけるといやがられます。

また、意見の相違があったときも、相手がクライアントだからといって、そう簡単には聞き入れてくれません。なので「全部お任せにしても構わない」くらいの気持ちで依頼したほうがいいでしょう。

また、レトラクテで、かつ額周りの「思考ゾーン」が拡張している建築家は、実用性よりデザイン優先の住まいを仕上げてくる可能性があるので注意しましょう。見た目はカッコよくても、実際に住んでみると動線が悪くて住みづらい……といったことが起こりがちです。

●有名建築家の顔タイプは？

世界で活躍する日本の有名建築家を観察してみると、やはり、個性重視のレトラクテの人が多く見られます。

たとえば、打ちっ放しのコンクリートを用いた斬新な建築美で知られる安藤忠雄《あんどうただお》氏。前髪で額がかくれているため、四角い顔の持ち主という印象がありますが、じつは額に相当高さのあるレトラクテです。

ただ、安藤氏の場合は、あご周りの活動ゾーンも非常にしっかりしています。若い頃はもちろん、年齢を重ねて少しふっくらされてからも、エラのラインがはっきり出ているのが大きな特徴です。これは、大胆で豊かな想像力を現実に落とし込むことに長けた、まさに建築家向きの顔と言えます。

一方、ディラテの建築家としては、「紙の教会」などの作品で知られる坂茂《ばんしげる》氏がいます。

坂氏は、阪神《はんしん》・淡路《あわじ》大震災をきっかけに、被災地で紙のログハウス（仮設住宅）や仮設教会を制作するという活動を世界中で展開しています。災害対策という現実に立脚したテーマにフォーカスするのは、まさにディラテの人の発想です。

また、「まだ存在しない新しい何か」を追求するレトラクテに対して、「今存在するものをいかに使うか」を追求するのがディラテの特徴です。その意味で、「紙」という素材をチョイスしている点にも納得させられます。

●地方の政治家は「スピード感」が重要

政治家については、地方政治と国政とで見方を変えるべきでしょう。国政という大きな枠組みの中では、10年単位で先々を見据えるビジョンが必要です。一方、地方政治の場合は、有権者の声に迅速に応えることが求められます。

このスピード感の違いが最も大きく表れるのは「耳」です。傾斜が「勢い」を、垂直が「ブレーキ」を表すという話は、これまでに何度も出てきました。政治家の場合も、スピード感が求められる地方の政治家には、耳が傾斜していてアクセルのきいた人が多く見られます。

ただし、このタイプの人は、勢いで突っ走れる一方で、飽きっぽいところがあるので、長期スパンで物事を考えるのがあまり得意ではありません。数カ月、せいぜい1年といったスパンで完結するプロジェクトが向いています。

一方、地方よりも大きな枠組みで動いている国政では、耳がまっすぐでブレーキがきいたタイプの政治家が多く見られます。

●平時のディラテ、危機下のレトラクテ

とはいえ、コロナ禍のような有事に対応するには、**理想的には勢いとブレーキのバランスが重要**になってきます。

菅義偉《すがよしひで》元内閣の場合、首相本人はもとより、加藤勝信《かとうかつのぶ》官房長官や西村康稔《にしむらやすとし》コロナ担当大臣など、周囲もブレーキが強めに出ているメンバーぞろいでした。菅元首相に「勢い」タイプの右腕がいれば、もっといろいろなことが迅速に進んだかもしれません。

輪郭に注目すると、どっしり型のディラテは「経験則」をもとに判断し、面長のレトラクテは「未知に対する想像力」を働かせることを得意とします。言うなれば「平時のディラテ、危機下のレトラクテ」といったところでしょうか。コロナ禍の臨機応

変な政策で評価された、ニュージーランドのジャシンダ・アーダーン首相などもレトラクテです。

●投票する前に、政治家の「唇」をチェック

個人的に、有権者として政治家を見るときは、まず「唇」に注目します。

というのも、**唇がきっと引き結ばれていない人は、自制心に欠けるきらいがあるか**らです。失言が多い政治家を見ていても、口元がゆるく開いている傾向が見られます。

この特徴は、選挙ポスターなどの「決め写真」からはわかりづらいので、各種会見や街頭演説中の映像など、なるべく実際に動いているところをチェックしたいものです。

同じ理由で、「口周りの肉付き」にも注目します。年齢や体型の別にかかわらず、**口周りの肉付きがぶよっとしている人は、食欲や性欲、物欲といった本能欲求に弱い**という傾向があるからです。

他人の顔を見るとき、たいていの人は目を起点として思考ゾーンに注目します。当然ながら、思考力もきわめて重要ではありますが、政治は一人で行なうものではありませんから、究極的には「人として信頼できるか」とか「きちんと実行力がともなっているか」という点が、より重要になってくるのではないでしょうか。その意味では、もっと口元からあごにかけた「活動ゾーン」に注目すべきだと思います。

活動ゾーンに注目すれば、政治家が違った印象で見えてくることもあります。たとえば、アメリカのトランプ元大統領の口元は、いつも「への字」なのでわかりづらい部分もあるのですが、よく引き締まっていて、実はかなり自分を律していることが窺えます。

「失言王」の代名詞のように思われがちなトランプ氏ですが、その失言は決して、勢いでポロリと出たものなどではないのです。むしろ、「勢いでつい本音を出してしまった」という体を演出することで、自分に賛同する熱狂的なファンがついてくるということを、計算したうえで発言しているわけです。

●国政には不向きな「感情ゾーン拡張」

もちろん、政治家には「額の三分割」と「台形の額」のセットもぜひほしいところです。これは、**明確な「理想や信念」を持ち、それを現実に「展開」していける力の持ち主**であることを示しています。とりわけ国政では、この要素が重要になってきます。

拡張ゾーンでいえば、**国政に向いているのは「思考ゾーン」が拡張した人**。かたや、**地方政治に向いているのは「感情ゾーン」が拡張した**人です。

地方では、有権者の訴《うった》えに共感することが重要になりますが、国政の場合は一つひとつの案件に感情を挟んでいたら身動きが取れなくなってしまいます。

そのため、感情ゾーンが拡張しているタイプの政治家は、いかに地元で人気を誇っていても、国政を任せるにはやや心もとないところがあります。このタイプの人は、耳からの刺激がモチベーションになる半面、世論やマスコミの批判に打たれ弱いからです。

故・田中角栄《たなかかくえい》氏をはじめ、往年の大物政治家には、思考ゾーンと活動ゾーンの両方がしっかり拡張しているタイプが多く見られます。やはり、**一国の舵《かじ》を取るに足る力を持ち合わせているのは、「理念」と「実行」の両輪型**ということになるでしょう。

●世界のリーダーを分析する

ここからは、世界各国のリーダーたちを、相貌心理学的に読み解いていきましょう。

アメリカのバイデン大統領は、正面から見ると、思考ゾーン拡張の理想主義的な面が際立ちます。一方、横から見ると、しっかりしたあごの持ち主であることがわかり、**理想を実現する力を持ったバランス型の政治家**であることが見て取れます。

また、横から見て**額と耳がまっすぐに立ち上がっている**ことから、ブレーキのきいた、**長期スパンで物事を考えるのが得意な人物**であることもわかります。実際、バイデン氏が地球温暖化対策のためのインフラ投資など、「将来」を見据えた施策に力を入れていることは、よく知られるところです。

ロシアのプーチン大統領は、思考ゾーンと感情ゾーンの二重拡張です。独裁的なイメージがありますが、本人なりに国家に対する強い理想があり、私利私欲に走るタイプではありません。

ただ、プーチン氏の場合、**目が小さく、奥まっている**のが特徴的です。これは、**自分の考えに固執しがちで、柔軟性に欠ける**ことを意味します。さらに、傾斜した耳は、勢いの強さと負けず嫌いな性格を表しています。これらが、自分の理想の実現を邪魔するものはことごとく潰すという「冷酷さ」につながっているようです。

中国の習近平《しゅうきんぺい》国家主席は、輪郭どっしりのディラテ。まず顔の下半分の大きさに目が行く、**感情ゾーンと活動ゾーンの二重拡張**です。

同じ独裁者でも、習氏で目につくのは**「にんにく型」のどっしりとした鼻**。この形の鼻は、**所有の欲求の強さ**を表します。つまり、プーチン氏とは違い、私利私欲型のリーダーということになります。

このように、リーダーの素顔に注目しながら国際政治を読み解けば、また新たな理解が得られるのではないでしょうか。

● 三者三様のリーダー顔

思考ゾーン拡張

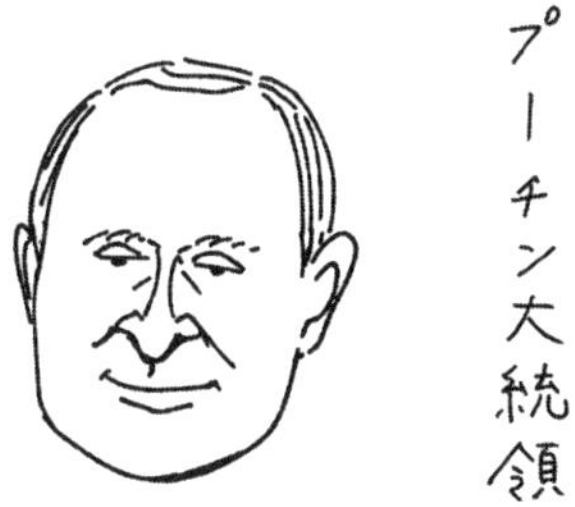

思考・感情ゾーンの二重拡張

感情・活動ゾーンの二重拡張

Column 4

政治家の「顔の変化」に注目する

人の顔は経年で変化します。それは、単なる老化現象ではなく、思考や行動の変化がそうさせるからです。その一方で、もとの性質を維持したまま年齢を重ね、昔と変わらぬ表情を見せる人も当然います。

だからこそ、政治家の顔の変化には敏感でなくてはなりません。昔から応援していた政治家が、昔のままの志《こころざし》や行動力を持ちつづけているとは限らないからです。

年をとって他人の意見を受けつけなくなる人のことを「老害」と言ったりしますが、こうした変化は「目尻」に表れます。自分の聞きたいこと以外の情報を排除しているうちに、目尻が上がっていくのです。

反対に、下まぶたのぽっちゃりが目立つようになったら、それは年齢を重ねて寛容になったしるし。目から入ってくる情報を、より柔軟に受け入れられるようになったことを示します。下まぶたに肉がつくのは老化の証拠のようでいやだという人もいますが、コミュニケーションの観点からは、むしろ良い変化と言えます。

経年による変化でよく見られるのは、肉付きに張りがなくなり、ふにゃふにゃしてくることです。

鼻を中心とする「感情ゾーン」の肉付きに張りがなくなってきたときは、「人からどう見られているか」を気にするようになったサイン。周りの人の影響を受けやすくなります。

口から下の「活動ゾーン」の肉付きに張りがなくなってきたときは、自分の本能欲求をうまく抑えられなくなっていることを意味します。口元が引き締まっていれば本能欲求を自制できますが、引き締まっていなければ自制が難しくなります。

もうひとつ、よく見られる変化として挙げられるのが、輪郭に対して目・鼻・口が顔の中心に集まっていたのが（コンソントレといって男性に多い特徴です）、徐々に外に向かって広がっていくこと。

菅元首相がまさにこのパターンで、官房長官時代は典型的なコンソントレだったのが、首相になってから、どんどんパーツが外側に広がっていきました。「令和」の元号を発表したときの写真と、首相時代の最後のほうの写真を比べると、わずか数年で顔つきが変化したのがわかるでしょう。

コンソントレの人は、最小限のエネルギー消費で、最大限のメリットを得ようとするのが特徴で、やや自己中心的なところがあります。ポジティブに捉えれば、パーツが外に広がっていくのはエゴイスティックな部分が緩和されてきたサインとも言えるのですが、菅元首相の場合は目から光が消えていったこともあり、単に集中力が途切れたと解釈したほうがよさそうです。

というのも、目から光が消えるのは、外からの情報を取り入れるのをやめて、現実から逃げようとしているサインだから。菅元首相のように、もともと思考ゾーンが拡張している人の場合、逃げ場も思考ゾーンに求めやすいため、そのまま「夢想の世界」にはまり込んでしまうケースが多く見られます。

第5章

適性に近づける4つのポイント

●すべての適性を満たしていなくてもOK

自分が志望する職種や職業の項目を読んで、「ここに挙がっている要素を、自分はほとんど満たしていない」と落ち込んだ方もいるかもしれません。

しかし、前にも述べたように、どの職種についても、一人で本書に挙げたすべての要素を満たすようなスーパーマンは、なかなかいないものです。それでも、自分の苦手分野を知っていれば、その点を意識して鍛えることはできます。

思考もコミュニケーションも「練習」すれば上達するもの。もし、論理的思考力が求められる職種なのに「額の三分割」がないようであれば、「自分はロジカルに説明するのが苦手なのだから、なるべく順序立てて物事を考えるように努力しよう」と意識すればいいのです。

すると、ロジカルであろうとする内側からの刺激に加えて、周りも次第にあなたをロジカルな人として扱うようになりますから、それが外側からの刺激になります。その相乗効果で、あなたは実際にロジカルな人に近づいていくでしょう。そのうち、顔つきまで変わってくるものです。

このように、相貌心理学の知識があれば、自分の弱点をマネジメントすることが可能になるのです。

●自己プロデュースで印象をアップさせよう

さらに、相貌心理学の知識を活用して**外見を自己プロデュースすることで、他人に与える印象を操作する**ことも可能です。

自己プロデュースのポイントは、**「目立たせたい部分を強調する」**ことと**「目立たせたくない部分をカムフラージュする」**こと。

たとえば、頬骨の大きさは、「成功欲求」や「自己主張の強さ」を表します。もし、あなたが営業職など「成果」がものをいう職種を志望しているのであれば、頬骨をアピールすることは「デキるやつ」のイメージにつながるでしょう。

その場合、ヘアスタイルを短髪にして顔の輪郭をはっきりさせれば、人の視線は自然と頬骨に集まります。

反対に、協調性を求められるような職種では、頬骨の大きさをアピールするのは、我の強いイメージにつながるため、得策ではありません。

この場合は、やりすぎない程度に髪型にボリュームを持たせたり、大きめのフレームのメガネを着用したりし、頬骨に目がいかないようにするのがポイントです。

●外見の変化に引っ張られて内面が変わる

海外の政治家は、行動心理学のスペシャリストがアドバイザーとしてついているため、こうした自己プロデュースがたいへん得意です。


たとえばアメリカのトランプ元大統領も、本来の肌の色は真っ白なのに、わざと色の濃いファンデーションを塗って、日焼けしたイメージを強調しています。エネルギーに満ち溢れている姿を演出し、それに対して返ってくる反応を力にしているのです。

イギリスのボリス・ジョンソン首相も、トレードマークである「ぼさぼさ頭」は、計算によるものだと考えられます。

ジョンソン首相は本来、額の面積がとても広い、典型的な「思考ゾーン拡張」タイプ。しかし、その額を全部出してしまうと、怜悧で薄情な印象になります。庶民派の政治家として人気を博したジョンソン首相ですが、自身は先祖に英国王を持つエスタブリッシュメントでもあり、ともすれば近寄りがたい存在になりかねません。そこを、ぼさぼさの前髪で額を隠すことによって、親しみやすいイメージをアピールしているのでしょう。

このような自己プロデュースによって外見を変えると、それに引っ張られて実際に性格が変わるということも大いにありえます。先ほども述べたように、変わりたいという内からの刺激と、周りからの反応という外からの刺激の相乗効果が生まれ、あなたの内面に作用するからです。

「変わりたい」と願うだけでは、人はそう簡単には変われません。ならば、外見の変化を利用して、自分に新しい刺激を与えてみてはいかがでしょうか。

以下、手軽に顔の印象を変えるためのテクニックを、いくつかご紹介しましょう。

メガネ

●メガネは最も手軽な自己演出アイテム

自己演出に使えるアイテムで、最も使い勝手がいいのは「メガネ」でしょう。メガネの形状は、そのまま「目」が与える印象に直結します。大きなレンズのメガネなら目はぱっちり開いて見えますし、小さなレンズなら目の開きは小さく見えます。

女性の場合は、メイクアップで目の印象を変えることができますが、男性の場合はなかなかそうもいきません。ですが、メガネなら簡単に取り替えることができるので、外見の印象を変えるのにはうってつけです。

とくに、コロナ禍の中ではマスクをつけて人と会うことがほとんどですから、目の印象はこれまでにもまして、顔全体の印象を決定づける要因になります。メガネを賢《かしこ》く利用しない手はありません。

● レンズの形で印象を変える

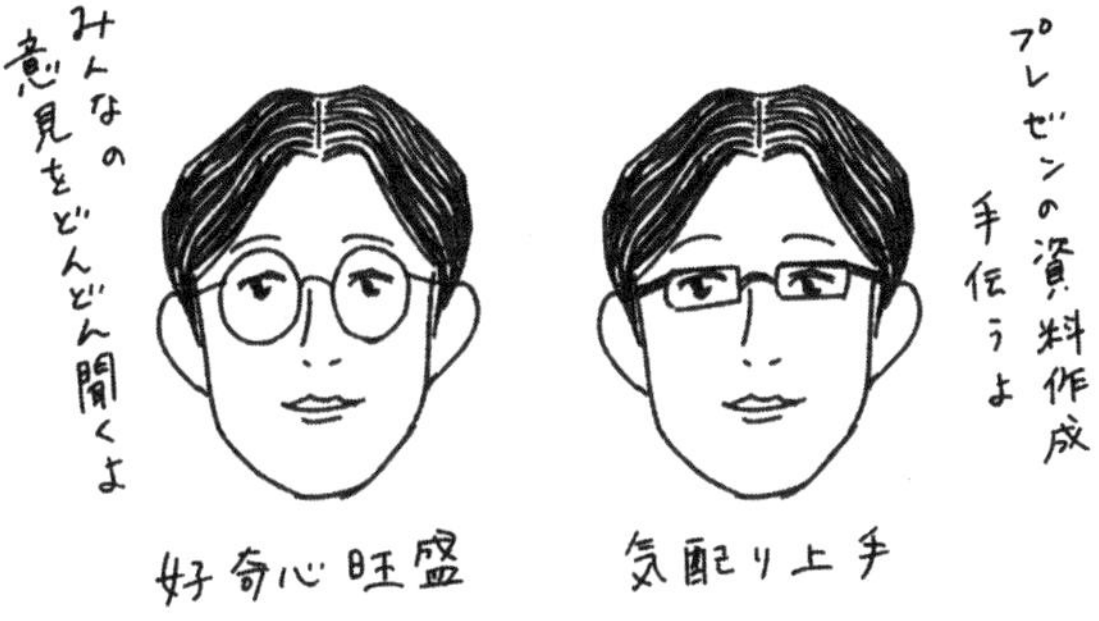
みんなの意見をどんどん聞くよ
プレゼンの資料作成手伝うよ
好奇心旺盛
気配り上手

●レンズの大きさで目の印象を変える

これまでにも紹介してきたように、目はその人の「知識や情報の取り入れ方」を教えてくれるパーツです。

レンズが大きく丸い形状のメガネなら、ぱっちりと開いた目の印象になるので、**「好奇心の旺盛さ」**を演出できるでしょう。

反対に、**スリムな形状のレンズ**なら、選《え》り好みが強そうな印象に。一方で、細さとは繊細さのサインですから、**「細かい気配りができる人」**というイメージにつながります。

ジョン・レノンがつけていたような、小さくて丸いレンズのメガネの場合は「好奇心は旺盛でいろいろなものを見たいけれど、その中からしっかり選ぶよ」という感じで、知的さが増すイメージです。

また、目尻の印象も、レンズの形状によって変えることが可能です。目尻が下がっている人は、「なんでも言うことを聞いてくれる人」という印象を持たれがちですが、そこに目尻が上がったデザインのレンズを取り入れることで、ちょっとした自己主張をプラスすることができます。

●太いフレームで肉付きの薄さをカバー

相貌心理学では、太い線は「ダイナミックな性格」を表し、細い線は「繊細な性格」を表します。これは、肉付きの豊かさ・薄さと同様の解釈になります。

したがって、自分は厳しく見られがちなので、もう少し寛容さをアピールしたいと思ったら、太いセルフレームのメガネを取り入れるといいでしょう。フレームの太さは、肉付きのよさと同じような印象を与えるからです。

逆に、おおらかに見られがちだけど、もう少し毅然《きぜん》とした印象にしたいという場合は、細いワイヤーフレームのメガネを選ぶのが正解です。商談などで、多少は相手に強く出なくてはならないときなどに、効果を発揮するでしょう。

●色つきのメガネでギャップを演出

クリエイティブ職や自由業など、ドレスコードが柔軟な仕事の人であれば、レンズに色のついたメガネという選択肢もありでしょう。

目とは、情報を取り入れる窓口です。逆に言えば、どのように自分が情報を選び取っているのかを知られたくないとき、つまり**「相手に手の内を明かしたくないとき」は、色つきのメガネで目を隠す**という手も有効でしょう。

窓口を遮断しているため、色つきのメガネを着けた人は、どこか近寄りがたい印象を相手に与えますが、実際に話すと思いのほか気さくな人柄で驚かされたりすることがあります。色つきメガネには、そんな「ギャップ」を演出する効果もあります。

ヘアスタイル

●おでこを出せば知的に、隠せばフレンドリーに

コロナ禍でマスク着用が必須になった日常の中で、美容院ではこれまでに試したこともなかったようなヘアスタイルやカラーリングに挑戦する人々が増えたといいます。

ヘアスタイルは、いわば顔の「額縁《がくぶち》」です。絵の本体の大部分を見せることができなくなった今、額縁にこだわる人が増えたのは必然でしょう。そしてもちろん、額縁は顔全体の印象をも左右します。

一般的な職場では、そうそう突飛な髪型をすることはかなわないでしょうが、それでも髪型は自己プロデュースにとって重要な要素と言えます。

先ほど、イギリスのボリス・ジョンソン首相の例を挙げました。ジョンソン首相は、前髪で額（＝思考ゾーン）を隠すことによって、感情ゾーンのほうが拡張してい

るかのような効果を狙っています。

これと同じ戦略を取っているのが、アイドルの皆さんです。

アイドルという職業の人たちには、もともと「ファンに希望を与える」といった信念や使命感を帯びた理想主義者が多く、じつは「思考ゾーン」が拡張している人のほうが主流です。

しかし、アイドルにとってより重要なのは、知的さをアピールすることよりも、自分はファンに寄り添う存在であるというメッセージを伝えること。つまり「共感力の高さ」をアピールすることです。なので、男性でも女性でも、**重めの前髪でおでこを隠している**人のほうが多いのです。

ビジネスパーソンの場合も、販売職やカウンセラーなど、コミュニケーションが重要になる仕事の場合は、やはり共感ゾーンが目立つようなヘアスタイルを選んだほうがベター。逆に、知的さをアピールしたい場合は、おでこは出したほうが「デキる人」に見えます。

●インパクトのある「ひげ」で視線を誘導する

ヘアスタイルの延長で言うと、男性の「ひげ」も、重要なファクターです。ひげは、「目立たせたい部分を強調する」のにも、「目立たせたくない部分をカムフラージュする」のにも使えるからです。

最もポピュラーなのは「あごひげ」。あご先だけのひげでも、人の視線を「活動ゾーン」に集めることができます。

活動ゾーンの拡張は「本能」を大切にするというサインですから、その部分をアピールすることで、本能欲求=男らしさを誇張できるというわけです。

本来のあごの印象が細い人でも、あごひげがあることで、がっちりとした安定感を演出でき、行動力に富んだイメージをアピールすることが可能です。

逆に、あご全体を覆うようなひげの場合は、あごの輪郭を曖昧《あいまい》にする効果がありま す。落ち着いた感じや、自分の行動力を控えめに見せたい場合、ひげはカムフラージュにも使えるというわけです。

メイクアップ

●男性にもメイクアップは有効

メイクアップというと女性の専売特許というイメージがありますが、なにもカラフルなアイシャドウやリップばかりがメイクアップというわけではありません。

経営者の中には、オイルで肌にほどよいツヤを仕込んで、「張り感」を演出している人もいます。張りのある肌は、モチベーションの高さや、「どんな問題が降りかかってきても跳ね返してみせる」という抵抗力の高さのアピールになるからです。

アメリカのバイデン大統領も、年齢の割には際立って張りのある肌が印象的な人物。もしかすると顔に何かしらを注入しているのかもしれませんが、大国を背負って立つ人物にふさわしいエネルギッシュさを演出するには、「美容整形」なども重要な戦略と言えるのではないでしょうか。

逆に言うと、整形によって肌に張りを持たせて、周りから「80歳近いとは思えないほど若々しい！　バイデン大統領ってすごい！」というエネルギーをもらうことで、本人のエネルギーが活性化するという側面もあるのでしょう。

●ツヤやハイライトで「張り」を演出

整形とまでは言わずとも、一般のビジネスパーソンにも、張りや肉付きが人に与える印象をもっと意識することをおすすめします。とりわけ、採用面接などのシーンでは、モチベーションの高さを効果的にアピールできるかどうかが成否を分けるからです。

女性の場合、ハイライト（顔の部分的な場所に明るい色をのせること）によって、ふっくらした張り感を演出するのはメイクアップの定番です。この程度のお化粧なら、男性もチャレンジしてみてもいいのではないでしょうか。

ただし、テカテカになるまでハイライトをのせすぎると、逆に「我が強い人」というイメージになってしまうので注意が必要です。

さらに意識の高い人には、基礎化粧品で日頃から肌質の手入れをすることをおすすめします。

肌のきめ細かさは「繊細さ」を表すため、細かい気配りや緻密さが求められる仕事の採用試験では、大きくプラスのイメージを残すことができるでしょう。

最近では男性用のパックなどもたくさん出ていますので、ぜひお試しを。

ファッション

●「襟の形」で輪郭の印象が変わる

着る服によって顔の印象を変えるのはなかなか難しいのですが、最も顔に近い「襟《えり》」のデザインだけは、こだわる価値があるでしょう。

襟の形は、顔の輪郭にダイレクトに作用します。シャープな輪郭の人が、シャープな襟の服を着ると、線と線の相乗効果で「細さ（繊細さ）」が強調されます。

もし、細い顔の方が、おおらかで優しげなイメージを演出したいなら、丸襟のシャツを選んだり、女性ならフリルなどのデザインを取り入れたりするといいでしょう。

オフィスカジュアルがＯＫな職場なら、タートルネックも便利なアイテムです。

肌と反対色であるダークな色合いのタートルネックを着れば、あごのラインが強調されるので、アクティブさをアピールできます。反対に、肌と似たような淡《あわ》い色を選べば、あごのラインが曖昧になって活動ゾーンが目立たなくなるため、思考ゾーンや感情ゾーンなど、別の場所に注目を集めることができます。

黒いタートルネックといえば、スティーブ・ジョブズ氏の「制服」としてあまりにも有名ですが、細面のレトラクテであったジョブズ氏の「活力」を演出していたのは、このタートルネックだったのかもしれません。

●アクセサリーで知性と共感力のバランスを取る

女性の場合、アクセサリーをうまく活用すれば、さらに自己プロデュースの幅が広がります。

たとえば、耳に華やかなイヤリングやピアスをつければ、見る人の視線を感情ゾーンにひきつけることができるので、共感力の高さや感情の豊かさをアピールしたいときに効果を発揮するでしょう。

前髪で額を隠して感情ゾーンを強調すると、思考ゾーンが完全に隠れてしまいますが、アクセサリーを使えば、おでこを出しながら感情ゾーンに視線を分散させることができ、「知的だけど、冷たくない」という具合にバランスを取ることができます。

拡張ゾーンのタイプ別「モチベーションの上げ方」

理想の「なりたい自分」に近づくには、**自分の「拡張ゾーン」に合わせたやり方でモチベーションを上げていく**と効果的です。

思考ゾーンが拡張している人は、「ビジュアル（目から入る情報）」がモチベーション源になります。なので、目標とする具体的な人物がいるのなら、その人の写真を携帯電話の待ち受けにしたり、その人の言葉を紙に書いて壁に張るなどして、ビジュアルとして取り入れるようにしましょう。

感情ゾーンが拡張している人は、「音（耳から入る情報）」がモチベーション源になります。いわゆる「応援ソング」のように、ポジティブな歌詞が並んだ音楽がいちばん効くのがこのタイプ。その半面、ネガティブな気分のときにネガティブな言葉を聞いたり口に出したりすると、

その言葉に引きずられてしまいます。このタイプの人は、気分が落ち込んだときこそ

「大丈夫」「自分なら頑張れる」と声に出して言いましょう。それを繰り返すことで、行動もポジティブに変化していきます。

活動ゾーンが拡張している人は、物質的なものがモチベーション源になります。なので「これを達成できたら○○できる」「△△を買う」といった具合に、「成果」や「ご褒美」とセットで目標をイメージするといいでしょう。

おわりに

自分に向いている仕事がわからない。努力をしているけれど、なかなか成果につながらない。転職したいけれど、何を目指せばいいのかわからない……そんな悩みを抱えている人は少なくないでしょう。

「適性」と簡単に言うけれど、しょせんは主観的なイメージ。どこまでアテにできるのかわかったものではない……そう考えるのも無理はありません。

そんな人に、「顔」という、これ以上ないほど客観的な情報から適性を読み解くツールがあることをぜひ知ってほしくて、日本で「相貌心理学」を紹介してきました。

相貌心理学をひもとき、自分の適性を理解するほどに、「できない自分」や「うまくいかない自分」の原因が、必ずしも自分だけにあるわけではないことがわかってきます。

どんなにすばらしい才能を持っていても、どれほど努力を積み重ねたとしても、置かれている環境や状況が合っていなければ、「適性」が「適正」になるのは難しく、自分の本来の力を発揮することはできません。

もしあなたが仕事や人間関係に難しさを感じていて、生きづらさを抱えているのであれば、まずは相貌心理学を通じて、自分の内面に向き合ってみてください。

それで、自分の適性が理解できたなら、今の自分が置かれている環境や状況で、本当に適性を「適正」に活かすことができるのか、見つめ直してみてください。

「適性」が「適正」になることで得られる充実感と満足感は、人生をさらに向上させるモチベーションの源です。それは、人生という限りある時間をより有意義なものに、そして素晴らしいものにしてくれるはずです。

本書で紹介してきた相貌心理学の知見が、その一助になることを願ってやみません。

佐藤ブゾン貴子

切りとり線

★読者のみなさまにお願い

この本をお読みになって、どんな感想をお持ちでしょうか。祥伝社のホームページから書評をお送りいただけたら、ありがたく存じます。今後の企画の参考にさせていただきます。また、次ページの原稿用紙を切り取り、左記まで郵送していただいても結構です。

お寄せいただいた書評は、ご了解のうえ新聞・雑誌などを通じて紹介させていただくこともあります。採用の場合は、特製図書カードを差しあげます。

なお、ご記入いただいたお名前、ご住所、ご連絡先等は、書評紹介の事前了解、謝礼のお届け以外の目的で利用することはありません。また、それらの情報を6カ月を越えて保管することもありません。

〒101－8701（お手紙は郵便番号だけで届きます）
祥伝社　新書編集部
電話03（3265）2310
祥伝社ブックレビュー　www.shodensha.co.jp/bookreview

★本書の購買動機（媒体名、あるいは○をつけてください）

＿＿＿＿新聞の広告を見て	＿＿＿＿誌の広告を見て	＿＿＿＿の書評を見て	＿＿＿＿の Web を見て	書店で見かけて	知人のすすめで

★100字書評……ビジネスは顔が9割

名前

住所

年齢

職業

佐藤ブゾン貴子　さとう・ぶぞん・たかこ

相貌心理学教授、メンタルケア心理士。1975年、埼玉県生まれ。アパレル会社、舞台衣装会社勤務を経て渡仏。現地で「相貌心理学」に出会い、約5年間の研修を経て日本人初となる「相貌心理学教授資格」を取得する。帰国後はセッションやセミナー、講演、メディア出演など多方面で活動中。著書に『人は顔を見れば99%わかる　フランス発・相貌心理学入門』『あなたの顔には99%理由がある　相貌心理学で学ぶ顔のセルフマネジメント』（ともに河出新書）、『フランス発　相貌心理学　運命のお相手は「顔」で選びなさい』（ロングセラーズ）がある。

ビジネスは顔《かお》が9割《わり》
——武器《ぶき》としての相貌心理学《そうぼうしんりがく》

佐藤《さとう》ブゾン貴子《たかこ》

2022年1月10日　初版第1刷発行

発行者……………辻 浩明
発行所……………祥伝社しょうでんしゃ
〒101-8701　東京都千代田区神田神保町3-3
電話　03(3265)2081(販売部)
電話　03(3265)2310(編集部)
電話　03(3265)3622(業務部)
ホームページ　www.shodensha.co.jp

装丁者……………盛川和洋
印刷所……………萩原印刷
製本所……………ナショナル製本

Printed in Japan　ISBN978-4-396-11648-4　C0211